중국의 소수민족

차례
Contents

중국의 소수민족

중국에서의 민족과 소수민족의 개념

'민족民族'이란 개념은 근대적 산물로서, 중국의 고대 문헌에서도 '민民'과 '족族'이 자주 사용되었지만, '민족'이란 단어 자체는 19세기 후반기부터 처음 쓰이기 시작하였다.[1) 이후 20세기 초에 중국에서 근대 민족민주 혁명이 진행되고 국제사회의 민족주의 사조가 중국에 들어오면서 민족이란 단어가 중국 내에서 널리 사용되었다. 하지만 중국에서 사용하는 민족 개념은 서방세계에서 사용하는 민족 개념과 다소 차이가 있다. 즉, 서방세계에서는 민족국가(nation state)의 연장선에서 민족 개념을 이해하여 민족(nation)과 종족집단(ethnic group)을 구별하지만, 중국에서는 민족과 종족집단을 거의 구별하지 않고 사용하고 있다.

중국은 일반적으로 한족漢族의 이미지가 강하여 한족의 나라로 여겨지지만, 오늘날 중국의 영토 안에는 중국정부가 공식으로 인정하는 55개의 소수민족이 주류 민족인 한족과 함께 공존하는 다민족多民族 국가다. 중국 내 소수민족은 그 인구가 압도적인 비율을 차지하는 한족 인구에 비하여 상대적으로 적기에(2000년 현재 한족 인구 11억 3,738만 6,112명의 9.19%), '소수少數'민족이란 명칭을 갖고 있다. 하지만 2000년 제5차 전국 인구조사 시 소수민족의 전체인구는 1억 449만 명이며, 중국 전체 인구 12억 4,261만 명의 8.41%를 차지한다. 이외에도 약 73만 명의 '미식별未識別 민족'이 중국당국에 의한 공식 민족분류가 이루어지지 않은 상태로 살아가고 있다. 가장 큰 소수민족인 장족壯族의 인구는 1,617만 8,811명(2000년 현재)을 넘어 네덜란드 전체 국민보다도 많다. 또한 두 번째로 큰 규모의 만주족 역시 1,068만 2,262명으로 1,000만 명 이상의 인구를 갖고 있고, 이외에 500만 명 이상 1,000만 명 미만의 소수민족이 7개(회족, 묘족, 위구르족, 투자족, 이족, 몽골족 및 티베트족 순), 100만 명 이상 500만 명 미만의 소수민족은 조선족(약 192만 명)을 포함하여 9개에 이른다.

최근 소수민족의 인구증가율은 한족보다 높기에 앞으로 중국 내 소수민족 인구 비중은 갈수록 커질 것이다.

중국 내 소수민족의 중요성

중국 내 소수민족 자치구역(5개 자치구, 30개 자치주, 120개 자치현 및 약 1,000여 개의 자치향)은 중국 전체 국토면적의 약 64%를 차지하는데, 산림자원과 전략적 광물자원 등 주요 자연자원의 상당수 또는 대부분이 바로 소수민족 지역에 있다. 이 지역의 풍부한 자연자원은 현재 중국 정부가 야심적으로 추진하는 경제 분야의 현대화 목표를 이루려면 소수민족 지역의 자원을 이용해야만 한다는 측면에서 중국의 국가발전에 있어 매우 긴요하다.

또한 중국은 14개국과 접경을 하고 있는데, 약 22,000km에 달하는 육지 국경선 가운데 약 90%인 19,000km가 소수민족 지역에 걸쳐 있고, 국경선을 따라 분포되어 있는 135개의 현縣, 기旗, 시市 등의 행정구역 가운데 107개가 소수민족 자치구역에 속하며, 또한 국경선에 거주하고 있는 약 2,200만 명의 인구 가운데 반수 이상이 소수민족이다. 따라서 이들 소수민족은 중국의 변경 안정에 주요한 요소이다.

55개 소수민족 가운데 위구르족, 장족壯族, 티베트족(藏族), 묘족, 따이족 등 34개 민족은 중국 인접국가에도 다수 거주하는 이른바 과계민족跨界民族이며 이 가운데 특히 조선족, 몽골족, 러시아족, 카자흐족, 키르기즈족 및 타지크족 등은 같은 민족의 주류가 현재 중국과 국경을 접한 별개의 나라(남북한, 러시아, 카자흐스탄, 키르기스스탄, 타지크스탄)를 운영하고 있기에, 중국의 국가통합 목표달성이나 국가안보전략 수행 등에 있어 무시할 수 없는 큰 비중을 차지하고 있다. 특히 티베트족이나 위구르족 같은 몇몇 주요 소수민족은 한족 문화와는 다른 고유한 문화와 종교를 갖고 있기에 이념적인 측면에서도 주류민족인 한족과는 적지 않은 이질감을 갖고 있는 한편, 중국정부의 통제로부터 벗어나려는 강한 원심력을 갖고 있어 때로는 중국정부가 무력으로 진압을 하는 갈등이 최근까지 지속되고 있는 것도 현실이다.

만약 중국 내 소수민족 중 하나라도 분리 독립한다면 그 파급효과가 다른 소수민족들에 직간접으로 미칠 수 있기에 중국의 국가통합 목표에 큰 불안요소가 될 것이다. 특히 대만에게도 중국으로부터 분리 독립할 수 있다는 명분을 제공할 수 있다. 아울러 20세기 후반 냉전시기에 초강대국이었던 소련연방이 발트 해 연안의 작은 소수민족들의 분리 독립 문제가 발단이 되어 결국 짧은 시간에 연방 전체가 붕괴됨으로써 국제정치의 구도와 세계사의 흐름이 전환되는 엄청난 결과로 이어졌던 역사적 현실은, 과거 소련과 비슷한 다민족 국가인 중국의 소수민족 현실과 이에 따른 문제를 이해하는 데 필요한 또 다른 중요한 시각이 될 수 있을 것이다. 이처럼 중국 내 소수민족의 현실과 이에 관련된 문제는 향후 21세기의 강대국을 지향하는 중국에 있어 매우 핵심적인 요인으로 작용할 것으로 예상된다.

중국 내 소수민족은 정치적 의미와 비중을 차치하고라도

역사학, 민속학, 문화인류학, 언어문자학, 의상학, 고건축학, 종교학 및 문학 등 여러 학문 분야에서 순수 학술차원의 매우 가치 있는 연구대상이기도 하다. 다채로운 각 소수민족의 전통 습속과 문화는 단순히 과거의 유산으로서 관광자원 정도에 그치는 것이 아니라 현재적·미래적인 의미를 내포하고 있기도 하다.

중국 소수민족의 분류

중국정부의 민족식별 사업

현대 중국에서는 이른바 '과학의거科學依據'와 '민족의원民族依願'이라는 두 가지 원칙에 따라 민족을 분류한다. 과학의거란 객관적으로 증명되는 사실에 의거한다는 의미로서, 어느 특정한 종족집단이 ①공동 언어 ②공동 지역 ③공동 경제생활 ④공동 문화를 가진 공동체라는 민족 형성의 네 가지 요건을 충족하고 있는지의 여부를 판별하는 것이다. 민족의원이란 개개 민족들이 독자적인 민족 단위로 존재할 의사를 갖고 있는지 여부를 의미한다. '과학의거'가 객관적인 요소를 분별기준으로 삼는 데 반해 '민족의원'이란 기준은 다분히 주관적이고 심리적인 판별기준이다.

1949년 중화인민공화국 건국시기에 중국 내 소수민족은 약 400여 개의 민족 명칭이 존재하였다. 중화인민공화국 성립 직후 중국 공산당은 새로운 민족정책을 표방하면서, 혼란스러울 정도로 복잡한 소수민족에 대한 민족분류를 주요 내용으로 하는 '민족식별民族識別' 사업을 여러 차례 실시하였으며 그 결과 2008년 현재까지 중국 내에는 한족 이외에 55개의 민족이 공인되었으며, 몇 개의 종족 집단은 아직 민족 귀속이 정해지지 않은 상태에 있다. 2000년 제5차 전국 인구조사 결과, 73만 4,438명이 민족 귀속이 공식적으로 정해지지 않은 '미식별 민족'으로 남아있어, 민족식별 사업은 현재도 계속 진행 중이라고 말할 수 있다.

'중화민족' 개념의 부상

민족식별 사업이 각 종족의 민족 귀속을 정한다는 기본목적을 달성한 후에 중국당국은 '중화민족中華民族'이라는 새로운 민족개념을 이론화하는 시도를 하고 있다. '중화민족'이란 한족漢族을 주체로 하고 55개 소수민족을 포괄하는 56개 민족으로 구성된 하나의 새로운 큰 민족개념이다.[2]

하지만 이러한 민족개념은 '중화민족'이라는 실체가 현실 세계에서 아직 충분하게 구체화되지 않았기에 다분히 정치적인 개념이라고 볼 수 있으며 1980년대 후반부터 신강 지역 위구르족의 분리 독립 추진 움직임(이른바 '동투르키스탄 문제') 및 티베트 문제 등 소수민족 문제로 큰 정치적 부담을 갖게 된 상황에서 중국의 국가적 통일성 및 국가통합의 방향성을 제시하려는 의도가 크다고 보인다. 이는 중화인민공화국 성립 이후 국가통합이라는 정치적 목표를 위하여 수많은 소수민족을 하나의 중국에 통합시키기 위한 노력의 일환으로 보인다. 따라서 중화민족론은 정치적 실체로서의 국가와 문화적 공동체로서의 민족을 혼동하고 있다는 비판도 있다.[3]

언어계통에 따른 민족 분류와 민족 간 근친관계

중국 내 55개 소수민족은 종교 신앙, 분포 지역 등 여러 가지 기준에 따라 다양하게 분류될 수 있다. 이 가운데 언어계통에 따른 분류는, 각 민족의 기원을 파악하고 민족 간 근친관계를 밝히는 데 보다 유용하다고 여겨진다. 하나의 민족 집단이 사용하거나 본래 사용하였던 민족 언어는 그 특성상 해당 언어를 사용하는 민족의 기원 및 계통을 파악하고 다른 민족 공동체와의 근친관계를 밝히는 데 있어서 완전하지는 않지만 다른 기준에 비하여 보다 유용한 근거가 될 수 있다.

중국 내 55개 소수민족의 언어는 언어학적 관점에서 크게 ① 알타이 어계 ② 시노·티베트 어계 ③ 오스트로아시아 어계 ④ 인도·유럽 어계 및 ⑤ 말레이·폴리네시아 어계의 5개 어계語系로 구분할 수 있다. 각 어계에는 하부 언어집단으로 어족語族이 소속되어 있다.

알타이 어계

알타이 어계에는 만주·퉁구스 어족, 몽골 어족, 투르크 어족의 3개 언어집단이 있고 이외에 어족을 정하기 어려운 조선족이 포함된다. 알타이 어계에 속하는 18개 민족의 인구는 2000년 현재 2,950만 2,274명으로서 중국 내 전체 소수민족 인구의 28.23%, 중국 전체 인구의 2.37%를 차지하는데 역사적으로 중원 지역을 포함하여 중국 전역을 통치하였던 만주족 및 몽골족 등과 북방 및 서북 지역에서 활발한 활동을 하였던 투르크 어족 그리고 중화인민공화국 건국에 적지 않은 기여를 하였던 조선족 등 걸출한 민족이 많은 것이 특징이다.

시노·티베트 어계

시노·티베트 어계에는 티베트·버마 어족(藏緬語族), 캄·타이 어족(壯侗語族), 묘·요 어족苗瑤語族의 3개 언어집단이 있고 이외에 한어漢語를 사용하는 소수민족인 회족回族과 어족을 정하기 어려운 거라오족 및 징족(京族)이 포함된다. 시노·티베트 어계에 속하는 31개 민족은 2000년 현재 7,442만 936명으로 중국 내 전체 소수민족 인구의 71.22%, 중국 전체 인구의 5.99%를 차지하고 있어 가장 큰 언어 집단이다.

시노·티베트 어계와 알타이 어계에 소속된 민족은 모두 49개 민족이며, 2000년 현재 1억 392만 3210명으로 중국 내 55개 소수민족 전체 인구(1억 449만 735명)의 99.46%, 중국 내 전체 인구(12억 426억 2226명)의 8.36%에 달한다.

기타

오스트로아시아 어계는 몬·크메르 어족의 1개 언어집단에 속하는 3개 민족이 있다. 인도·유럽 어족에는 이란 어족의 타지크족과 러시아족의 2개 민족이 있다. 말레이·폴리네시아 어계는 인도네시아 어족의 고산족高山族 1개 민족만이 있다.

중국 내 55개 소수민족의 어계별, 어족별 소속 계통과 각 민족별 인구 구성은 다음 표와 같다.

어계(語系), 어족(語族), 어지(語支) 및 민족별 인구 현황표

(2000년 중국 인구조사 통계, 단위: 명)

어계(語系)별 인구		어족(語族)별 인구		어지(語支)별 인구		민족(民族)별 인구	
어계	인구	어족	인구	어지	인구	민족	인구
알타이 어계	29,502,274 ①28.23% ② 2.37%	만주·퉁구스 어족	10,914,427 ①10.45% ② 0.88%	만주어 갈래	10,875,726	만주족	10,682,262
						시버족	188,824
						허저족	4,640
				퉁구스어 갈래	38,701	어원커족	30,505
						오로첸족	8,196
		몽골 어족	6,717,849 ①6.43% ②0.54%	어지 구분 안 함	6,717,849	몽골족	5,813,947
						뚱상족	513,805
						투족	241,198
						다우르족	132,394
						보안족	16,505
		어족 미정	1,923,842 ①1.84% ②0.15%	어지 미정	1,923,842	조선족	1,923,842

알타이 어계	29,502,274 ①28.23% ② 2.37%	투르크 어족	9,946,156 ①9.53% ②0.80%	서흉어 갈래	9,771,614	위구르족	8,399,393
						카자흐족	1,250,458
						싸라족	104,503
						우즈베크족	12,370
						타타르족	4,890
				동흉어 갈래	174,542	키르기즈족	160,823
						위구족	13,719
시노· 티베트 어계	74,420,936 ①71.22% ② 5.99%	한어 (漢語)	9,816,805 ①9.39% ②0.79%	어지 미정	9,816,805	회족	9,816,805
		티베트· 버마 어족	26,476,341 ①25.34% ② 2.13%	이어 (彝語) 갈래	10,599,401	이족 (彝族)	7,762,272
						하니족	1,439,673
						리수족	634,912
						라후족	453,705
						나시족	308,839
				티베트어 갈래	5,427,909	티베트족	5,416,021
						먼바족	8,923
						로바족	2,965
				강어 갈래	339,672	강족	306,072
						푸미족	33,600
				아창어 갈래	33,936	아창족	33,936
				징퍼어 갈래	132,143	징퍼족	132,143
				어지 미정	9,943,280	투자족	8,028,133
						바이족	1,858,063
						누족	28,759
						지노족	20,899
						두룽족	7,426
		캄·타이 어족	25,238,787 ①24.15% ② 2.03%	장태어 갈래	20,309,260	장족 (壯族)	16,178,811
						부이족	2,971,460
						따이족	1,158,989
				동수어 갈래	3,681,713	뚱족	2,960,293
						수이족	406,902
						무라오족	207,352
						마오난족	107,166
				려어 (黎語) 갈래	1,247,814	리족 (黎族)	1,247,814

어계	어족	어족 비중	어지/갈래	인구	족	인구
	묘·요어족	12,287,129 ①11.76% ② 0.99%	–	12,287,129	묘족	8,940,116
					요족	2,637,421
					써족	709,592
	어족 미정	601,874 ①0.58% ②0.05%	어지 미정	579,357	거라오족	579,357
			어지 미정	22,517	징족	22,517
오스트로 아시아 어계	506,427 ①0.48% ②0.04%	몬·크메르 어족 506,427 ①0.48% ②0.04%	–	506,427	와족	396,610
					부랑족	91,882
					더앙족	17,935
인도· 유럽 어계	56,637 ①0.05% ②0.005%	이란 어족 41,028 ①0.04% ②0.003%	동이란어 갈래	41,028	타지크족	41,028
		슬라브 어족 15,609 ①0.01% ②0.001%	동슬라브 어 갈래	15,609	러시아족	15,609
말레이· 폴리네시 아 어계	4,461 ①0.004% ②0.0004%	인도네시아 어족 4,461 ①0.004% ②0.0004%	어지 미정	4,461	고산족	4,461
계	104,490,735		104,490,735		55개 민족	104,490,735

① : 중국 내 전체 소수민족 인구(104,490,735명) 대비 비중(%)
② : 중국 내 전체 인구(1,242,612,226명) 대비 비중(%)

언어학적으로 각 소수민족을 구분하였을 때 각 언어집단은 다소 예외는 있지만 다음과 같은 일정한 기본적인 공통점을 보여주고 있다.

알타이 어계

알타이 어계는 주로 중국의 동북, 내몽고 및 서북 등 북방에 분포하며, 비교적 한랭하고 초원이 많은 특성상 목축업과 관련이 많은 산업에 종사를 하고 있다. 종교적으로 동북 지역의 만주·퉁구스 어족은 샤머니즘을 믿는 공통점이 있고, 서북 지역의 투르크 어족은 이슬람교를 신앙한다. 북방의 중간지대에 분포한 몽골 어족은 샤머니즘의 요소가 바탕에 깔린 상황에서 서쪽에서 전래된 이슬람교와 남쪽의 티베트 지역에서 전래된 라마교를 각 민족의 사정에 따라 신봉하는 상황이다.

시노·티베트 어계

시노·티베트 어계는 인구가 많고 하부 언어집단의 거주 환경 및 문화 배경 등이 크게 상이하기에 동 어계 소속 민족의 특징을 다시 하부 언어집단별로 살펴보면, 우선 티베트어 갈래 및 강어 갈래는 티베트 고원 및 그 주변 일대에서 거주하는 사정상 대개 목축업과 관련된 산업에 종사하며 정도의 차이는 있지만 라마교의 영향이 깊다. 티베트·버마 어족의 아창어 갈래, 징퍼어 갈래와 캄·타이 어족, 묘·요 어족 등은 주로 중국 남방의 온난 다습한 지역에 분포하기에 대개 농경에 종사하면서 종교 신앙은 원시 다신교의 형태가 많다.

기타

오스트로아시아 어계의 몬·크메르 어족은 중국 최남방의 아열대 기후대에 거주하며 주로 원시적인 농경생활을 하면서 원시적인 다신교를 믿거나 남방불교의 영향을 많이 받았다.

인도·유럽 어계 가운데 이란 어족에 속하는 타지크족은 장기간 투르크 어족 분포 지역에 섞여 거주하여 옴에 따라, 목축업에 종사하고 이슬람교를 믿는 등 투르크 어족과 유사한 특징을 보여주는 반면, 러시아족은 인구도 적고 중국 내 이주한 역사가 짧아 주로 상업에 종사하며 러시아 정교를 믿는다.

말레이·폴리네시아 어계의 고산족은 중국대륙 내 거주인구가 매우 적어 그 특징을 별도로 논하기는 어렵다.

각 언어집단별 소속민족의 주요 문화적 특징과 사회·경제적 지표는 다음 표와 같다.

각 언어집단별 소속민족의 주요 특징 및 지표

(각종 지표는 2000년 현재 기준)

언어 계통	민 족	통용 문자 (창제년도) /고유 문자	15세 이상 문맹률 (%)	전통산업 /보조산업	1차 산업 종사 비율 (%)	주요 신앙 /보조 신앙	주요 분포 (성급 구역)	향촌 거주 비율 (%)
만주어 갈래	만주족	한문(漢文) /만주문자	5.54	농업	65.98	샤머니즘	동북3성, 하북	64.75
	시버족 (錫伯族)	시버문자(錫伯文,1947년)· 한문·몽골문자	2.74	목축/어렵	64.50	샤머니즘	동북3성, 신강	58.56
	허저족	한문	3.06	어렵/수렵	39.36	샤머니즘	흑룡강	39.81
몽골어족	몽골족	몽골문자	8.04	유목·농업	71.13	라마교	내몽고, 동북3성	67.30
	뚱샹족	한문	62.88	농업/방목	93.99	이슬람교	감숙	95.66
	투족 (土族)	신 투족문자 (新創土族文, 1983년)	23.20	농업/목축	83.15	라마교	청해, 감숙	82.50
	다우르족 (達斡爾族)	한문·몽골문자· 카자흐문자· 신 다우르문자 (新創達斡爾文, 1956년)	3.46	농업/목축	53.33	샤머니즘	내몽고, 흑룡강	47.75
	보안족	한문	55.94	농업/목축	84.26	이슬람교	청해 동부	85.60
퉁구스어 갈래	어원커족	한문·몽골문자	3.81	목축·수렵	57.34	샤머니즘	내몽고, 흑룡강	54.27
	오로첸족	한문	3.48	수렵/채집	40.00	샤머니즘	내몽고, 흑룡강	49.73

서흉어 (西匈語) 갈래	위구르족	위구르 문자	9.22	농업/상업	80.44	이슬람교	신강	80.56
	카자흐족	카자흐 문자	2.68	유목/상업	77.91	이슬람교	신강 북부	84.75
	싸라족	한문	49.11	농업/목축	82.03	이슬람교	청해 동부	83.75
	우즈베크 족	위구르 문자 /우즈베크 문자	2.50	상업· 수공업	34.72	이슬람교	신강	31.57
	타타르족	위구르문자· 카자흐문자 /타타르 문자	1.98	상업· 수공업	32.57	이슬람교	신강 북부	51.60
동흉어 (東匈語) 갈래	키르기즈 족	키르기즈 문자	9.05	목축/농업	85.09	이슬람교	신강 서부	88.45
	위구족	한문	14.62	유목/수렵	76.23	라마교	감숙	73.04
알타이 어계	조선족	한글(1446년)	2.86	농업	47.28	다종교	동북3성	38.02
한어 (漢語)	회족	한문	17.77	농업·상업	59.60	이슬람교	영하, 감숙, 하남	54.70
이어 (彝語) 갈래	이족 (彝族)	신 이문(彝文, 1975년) /찬문(爨文)	23.20	농업·목축	90.60	원시 다신교	운남, 귀주, 사천	89.65
	하니족	신 하니문자 (新創哈尼文,1 957년)	29.76	농업	90.60	원시 다신교	운남	90.45
	리수족 (傈僳族)	4종의 리수문자 (傈僳文)	32.54	농업/ 수렵·채집	94.96	원시 다신교	운남 서북부	94.58
	라후족 (拉祜族)	신 라후문자 (新創拉祜文, 1957년) /구 라후문자	23.72	농업/수렵	94.47	원시 다신교	운남 서남부	93.56
	나시족	신 나시문자 (新創納西文, 1957년)/동파문 (東巴文), 가파문 (哥巴文)	15.21	농업	77.23	원시종교 (東巴敎)	운남, 사천, 서장	77.85
강어 (羌語) 갈래	강족 (羌族)	한문	9.42	농업·목축	84.57	원시다신 교(白石 숭배)	사천 서북부	86.83
	푸미족	한문	30.06	농업·목축	87.99	원시 다신교 /라마교	운남 서북부	89.91
아창어 걸래	아창족	한문· 따이족 문자	13.56	농업	89.72	남방불교 /원시 종교	운남 서부	91.82

징퍼어 갈래	징퍼족 (景頗族)	경파(景頗) 문자·재와 (載佤)문자 (1957년)	15.71	농업	90.14	원시 다신교	운남 서부	79.62
티베트어 갈래	티베트족	티베트 문자	47.55	목축/농업	86.41	라마교	서장, 청해	87.17
	먼바족	티베트 문자	56.21	농업/수렵	82.41	라마교/ 원시종교	서장 동남부	80.21
	로바족	티베트 문자	50.79	농업/수렵	87.20	원시 다신교 /라마교	서장 동남부	81.28
티베트· 버마 어족 (어지 미정)	투자족 (土家族)	한문· 신 투자문자 (新創土家文, 1983년)	11.71	농업	80.19	원시 다신교	호남, 호북, 중경	81.63
	바이족 (白族)	신 바이문자 (新創白文, 1958년) /방괴백문 (方塊白文)	10.99	농업	79.30	원시종교 ('本主教')	운남	79.47
	누족	한문	32.02	농업/채집		원시 다신교	운남 서부	91.21
	지노족 (基諾族)	신 지노문자 (新創基諾文,1 983년)	17.13	화전농경/ 수렵·채집	82.85	원시 다신교	운남 남부	83.19
	두롱족 (獨龍族)	신 두룽문자 (新創獨龍文, 1983년)	26.80	원시농경/ 채집·수렵	93.84	원시 다신교	운남 서북부	82.45
장태어 (壯傣語) 갈래	장족 (壯族)	신 장족문자 (新創壯文, 1955년)·한문 /방괴장자 (方塊壯字)	6.83	농업	80.09	원시 다신교	광서, 운남, 광동	77.63
	부이족 (布依族)	한문· 신 부이문자 (新創布依文, 1956년)	23.77	농업	87.83	원시 다신교 (摩敎)	귀주	82.88
	따이족	4종의 따이족 문자	15.71	농업	89.05	남방불교	운남 남부	71.23
동수어 (侗水語) 갈래	뚱족 (侗族)	한문· 신 뚱족문자 (新創侗文, 1959년)	10.87	농업	81.67	원시 다신교	귀주, 호남, 광서	82.10
	수이족 (水族)	한문 /수서(水書)	22.06	농업	90.67	원시 다신교	귀주, 광서, 운남	87.95

어족	민족	문자		산업		종교	지역	
동수어 (侗水語) 갈래	무라오족	한문	5.96	농업	71.50	원시 다종교	광서 북부, 귀주	69.31
	마오난족	한문/토속자 ('土俗字')	7.52	농업	79.59	원시 다신교	광서 북부	79.52
려어 (黎語) 갈래	리족 (黎族)	한문· 신 리족문자 (新創黎文, 1957년)	12.09	농업	88.75	원시 다신교	해남	80.05
묘요 어족	묘족 (苗族)	4종의 묘족문자 (1956년)/방괴 병음묘문(方塊 拼音苗文)	19.83	농업	86.87	원시 다신교	귀주, 호남, 운남	85.86
	요족 (瑤族)	신 요족문자 (新創瑤文, 1983년) /방괴요문 (方塊瑤文)	9.32	화전 농경	85.23	원시 다신교	광서, 호남, 운남	85.48
	써족 (畲族)	한문	11.81	농업	71.64	조상숭배	복건, 절강, 강서	76.56
시노·티베 트 어계	거라오족	한문	18.23	농업/ 수공업	83.81	원시 다신교	귀주	82.51
	징족 (京族)	한문/ 남자('喃字')	7.92	해양어렵/ 농업·제염	50.14	다종교	광서 남부	54.88
몬·크메르 어족	와족 (佤族)	신 와족문자 (新創佤文, 1957년)/구외문 (舊佤文)	23.51	원시 농경	93.93	원시 다신교 /남방 불교	운남 서남부	90.23
	부랑족	한문· 따이족 문자	23.43	원시 농경	93.77	남방불교 ·원시 종교	운남 서남부	94.03
	더앙족	따이족 문자	21.25	농업	94.76	남방불교	운남 서부	71.55
동이란어 갈래	타지크족	위구르 문자	13.32	목축·농업	80.20	이슬람교	신강 서부	90.84
동슬라브 어 갈래	러시아족	한문·키릴 문자	3.64	상업/농업	21.19	러시아 정교	신강	18.64
인도네시 아 어족	고산족	한문	5.58	농업/상업	40.38	원시 다신교	하남, 복건, (대만)	42.48
전체 소수민족		다양한 문자	14.54	농업·목축· 수렵·어렵	78.78	다종교	중국 변경	76.56
한족		한문	8.60	농업	62.99	다종교	중국 전역	61.83
중국 전체		한문	9.08	농업	64.38	다종교	–	63.08

중국 소수민족 분포도

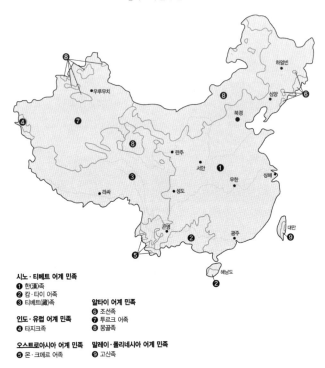

시노·티베트 어계 민족
❶ 한(漢)족
❷ 캄·타이 어족
❸ 티베트(藏)족

인도·유럽 어계 민족
❹ 타지크족

오스트로아시아 어계 민족
❺ 몬·크메르 어족

알타이 어계 민족
❻ 조선족
❼ 투르크 어족
❽ 몽골족

말레이·폴리네시아 어계 민족
❾ 고산족

중국 소수민족들의 특징

전반적인 특징

중국 내 소수민족의 전반적인 특징은 다음과 같다.

첫째, 대부분의 소수민족은 역사가 유구하고 많은 변화 과정을 거쳤으며 민족 명칭이 복잡하다. 근대에 외부에서 중국 경내로 이주하여 형성된 이른바 '천입遷入 민족'인 조선족, 러시아족 등 일부를 제외하면 대부분 중국 내 소수민족은 장구한 역사 속에서 종족집단의 형성, 분화, 이주 또는 타민족과 융합 등의 과정을 거치면서 복잡한 역사를 갖고 있으며, 이에 따라 민족구성과 역사상의 명칭도 적지 않은 변화를 거쳤다.

둘째, 각 소수민족의 인구규모가 매우 다양하다. 가장 인구가 작은 민족인 로바족은 2,965명이며, 가장 큰 소수민족인 장족壯族 인구 1,617만 8,811명의 약 0.018%에 불과하다.(2000년 현재)

중국 내 소수민족의 인구규모별 분류

(2000년 중국 인구조사 통계)

인구 규모	해당 민족	민족 숫자
1천만 명 이상	장족(壯族, 약 1,618만), 만주족(1,068만)	2
5백만 명 이상 1천만 명 미만	회족(982만), 묘족(894만), 위구르족(840만), 투자족(803만), 이족(彝族, 776만), 몽골족(581만), 티베트족(藏族, 542만)	7
1백만 명 이상 5백만 명 미만	부이족(297만), 뚱족(296만), 요족(264만), 조선족(192만), 바이족(186만), 하니족(144만), 카자흐족(125만), 리족(黎族, 125만)), 따이족(116만)	9
50만 명 이상 1백만 명 미만	써족(71만), 리수족(63만), 거라오족(58만), 뚱샹족(51만)	4
10만 명 이상 50만 명 미만	라후족(45만), 수이족(41만), 와족(40만), 나시족(31만), 강족(31만), 투족(24만), 무라오족(21만), 시버족(19만), 키르키즈족(16만), 다우르족(13만), 징퍼족(13만), 마오난족(11만), 싸라족(10만)	13
5만 명 이상 10만 명 미만	부랑족(9.2만)	1
1만 명 이상 5만 명 미만	타지크족(4.1만), 아창족(3.4만), 푸미족(3.4만), 어원커족(3.1만), 누족(2.9만), 징족(2.2만), 지노족(2.1만), 더앙족(1.8만), 보안족(1.6만), 러시아족(1.5만), 위구족(1.4만), 우즈베크족(1.2만)	12
1만 명 미만	먼바족(0.9만), 오로첸족(0.8만), 두룽족(0.7만), 타타르족(0.5만), 허저족(0.5만), 고산족(0.4만), 로바족(0.3만)	7

셋째, 각 소수민족별로 분포 지역의 지리적 환경, 역사적 상황 및 주변 민족과의 관계 등이 각기 달랐기에 각 민족 간에 역사적 사회경제 발전단계의 차이가 크다. 즉, 1950년대 중반

까지 여전히 원시 공동체 사회단계에서 수렵·채집생활을 하는 민족이 있었고, 식인의 풍속이 남아 있기도 하였으며, 많은 소수민족 사회에 봉건적인 노예제가 잔존하였다. 반면 조선족처럼 이미 토지개혁을 이루고 근대 사회단계에 진입한 민족도 있었다.[4]

넷째, 각 소수민족은 문화, 종교적으로 다양하다. 각 소수민족은 분포 지역의 자연조건과 생산양식 등에 따라, 원시적인 수렵·어렵 문화에서부터 고산문화, 유목문화, 농경문화 및 상업문화 등 다양한 문화를 보여주고 있으며, 종교 신앙 측면에서도 자연과 조상숭배의 원시다신교, 민족 고유 신앙(바이족의 본주교, 나시족의 동파교, 티베트족의 본교 등), 샤머니즘(주로 알타이 어계 민족이 신봉)뿐만 아니라, 중국에서 자생한 도교와 불교(남방불교, 북방불교 및 라마교), 이슬람교 및 천주교, 기독교 등 세계적인 종교까지 기본적으로 민족별로 다양한 신앙을 갖고 있다. 또한 예를 들어, 15세 이상 인구의 문맹률이 뚱샹족처럼 63%에 달하는 민족이 있는가 하면, 조선족(2.8%) 및 타타르족(1.8%)처럼 낮은 민족도 있어 그 편차가 크다(중국 전체의 15세 이상 평균 문맹률은 9.1%, 한족 평균은 8.6%, 전체 소수민족 평균은 14.5%).

다섯째, 일부 민족들이 중국 중앙정부의 통제로부터 벗어나려는 성향이 있어, 중국 국내적으로 정치적 안정과 국가통합을 이루는 데 큰 부담이 되고 있으며, 국제정치적으로도 주목을 받고 있다. 묘족처럼 상고시대부터 수천 년간 한족과 대립하면서 압박을 피해 중원대륙을 전전하는 민족이 있는가하면,

내몽고 지역의 몽골족의 민족문제와 20세기 초부터 독립 국가를 세우려는 시도를 통하여 분리 독립을 추구하는 신강 지역의 위구르족 문제, 고도의 자치를 요구하는 티베트족 문제 등은 오늘날 중국 내에서 해결이 필요한 대표적인 민족문제라고 말할 수 있다. 아울러 티베트족 문제와 위구르족 문제 등은 국제사회의 관심이 고조되면서 단순한 중국의 국내문제를 벗어나 국제적인 성격을 갖고 있는 것도 주요한 특징의 하나이다.

지리분포상의 특징

한편 중국 내 소수민족 지역분포상의 특징은 다음과 같다.

첫째, 분포 지역이 광활하다. 소수민족은 중국 내 모든 현급縣級 행정구역에 거주하며, 절대 다수의 현縣에 2개 이상의 민족이 분포한다.

둘째, 지역적으로 분포가 매우 불균형적이다. 소수민족 인구의 상당수는 중국의 서북 지역과 서남 지역에 다수 거주하며, 동북 지역과 동부 연해 지역에는 상대적으로 적게 분포한다.

셋째, 지역적으로 크게는 다른 민족과 섞여서 분포하는 가운데 일정한 지역 내에 같은 민족끼리 좁게 모여 사는 '대잡거 소취거大雜居 小聚居'의 형태를 보인다. 중국 내 각 민족들은 수천 년의 역사 속에서 교류와 접촉이 진행되면서 다른 민족들과 함께 섞여 살거나 또는 자기 민족끼리 모여 사는 다양한 분포상황을 형성하였지만, 기본적으로 '대잡거 소취거' 형태를 보인다.

넷째, 소수민족 지역의 인구밀도가 비교적 낮다. 소수민족 자치 지역의 인구밀도는 특히 중국 연해 지역의 한족 지역과 비교할 때 희박하다.

다섯째, 대부분 변방 또는 역사적인 국제 교통로에 위치하고 있다.[5] 동북 지역에서부터, 서북 및 서남 지역 등 약 21,000km에 달하는 육지의 국경선 가운데, 조선족, 몽골족, 카자흐족, 위구르족, 티베트족, 따이족 및 묘족 등 약 34개 소수민족이 과계민족跨界民族으로 국경에 걸쳐 거주하고 있다.

여섯째, 물산과 자원이 풍부하다. 중국 내 소수민족 지역은 기후대로 보면 아열대에서 온대 및 한대까지 이르는 지역이며 이에 따라 다양한 물산이 산출된다. 즉, 소수민족 자치 지역은 매우 광활하며 그 지역에 상당한 자연자원이 존재하여, 중국의 경제발전에 필요한 중요한 자원공급원이 되고 있다.[6]

일곱째, 소수민족 지역에는 역사적인 명승고적 및 관광자원이 많이 소재하고 있다.[7]

중국 소수민족들의 종교와 문화

종교

　중국은 다민족多民族, 다종교多宗敎 국가로서, 과거부터 다양한 종교와 신앙이 존재하여왔다. 이 가운데 배화교拜火敎처럼 이미 소멸된 종교도 있다. 현재 중국 내 소수민족의 주요 종교 신앙으로는 샤머니즘 포함을 포함한 원시 신앙, 나시족의 동파교東巴敎, 티베트족의 본교本敎, 바이족(白族)의 본주교本主敎 같은 민족 고유 신앙, 중국에서 자생한 도교, 그리고 세계적인 종교인 불교(남방불교, 북방불교, 라마교), 기독교와 이슬람교 등이 있다.

소수민족 종교의 특징

중국 내 소수민족이 믿는 종교와 신앙의 기본적인 특징은 다음과 같다.[8]

첫째, 대부분 정도는 차이가 있어도 원래 자기 민족의 원시적인 신앙을 유지하고 있으며, 바이족의 본주교와 티베트족의 본교처럼 원시적인 신앙이 보다 체계적인 종교 단계로 발전하기도 하였다.

둘째, 일부 소수민족은 하나의 종교를 주요 신앙으로 신봉하면서도 동시에 하나 이상의 다른 종교를 믿거나 또는 이전에 믿었던 종교를 부분적으로 유지하고 있다. 예를 들어, 바이족은 본주교를 주로 믿으면서도 불교와 도교를 동시에 신앙하고 또한 원시적인 본래의 신앙도 유지하고 있는 한편, 일부 소수는 기독교와 천주교를 신앙한다. 또 다른 사례로, 키르기즈족은 이슬람교를 주로 믿지만 부분적으로 샤머니즘의 영향이 아직도 존재한다.

셋째, 일부 소수민족은 역사적으로 여러 가지 종교를 믿다가 후대에 하나의 종교를 주로 신봉하게 되었다. 예를 들어, 위구르족은 고대에 샤머니즘, 경교景敎, 배화교拜火敎와 불교를 믿었지만 11세기 이후에 이슬람교로 개종하였다.

넷째, 각 민족이 신앙하는 종교는 상호 영향을 미치면서 전파되었는데, 이러한 현상은 여러 민족들이 함께 섞여 사는 지역에서 더욱 그러하였다. 이러한 대표적인 종교로는 북방불교, 라마교 및 도교 등을 꼽을 수 있다.

다섯째, 신앙이 서로 다른 민족과 신도들의 관계는 일반적으로 서로 존중하고 평화롭게 공존을 하면서도 때로는 상호 충돌이 발생하기도 한다. 특히 이슬람교(중국 서북 지역의 약 10개 민족이 신봉)와 라마교(티베트 지역에서 주로 신봉)는 중국의 주류민족인 한족의 문화에 비하여 이질성이 강하여 많은 갈등의 원인을 제공하고 있다.

여섯째, 종교와 신앙은 이를 믿는 민족의 주요한 문화적 구성부분이 되었으며, 일부 종교문화는 해당 민족의 풍속 습관이 되었다.

일곱째, 원시적인 종교 신앙의 제사 및 귀신 숭배 활동은 경제, 사회, 문화의 발전에 따라 전체적으로 감소 추세다.

중국정부의 삼자 정책

한편 중국정부는 중국 이외의 문명권에서 발생하여 역사적으로 널리 전도됨으로써 중국을 포함한 국제사회에 큰 영향력을 미칠 수 있는 세계적 종교인 천주교, 기독교 및 이슬람교 등이 중국의 국가통합 목표 및 사회적 안정 달성에 부정적인 영향을 미치는 것을 경계하고 있다. 중국은 19세기 이래 서방 제국주의 국가들로부터 천주교와 기독교 등의 종교를 앞세운 여러 형태의 수탈과 침략, 수모를 당한 경험을 바탕으로, 1949년 공산당 정권 수립 이후 이른바 종교 분야에서의 '삼자(三自 : 自傳, 自辦, 自養)' 정책[9] 아래 천주교, 개신교 및 이슬람교 등 세계적인 종교가 자국의 사회와 문화 나아가 중국 내정에 영향을 미치는 것을 방지하려 노력하고 있다.

주요 종교에 따른 민족분류표

종 교		해당 소수민족
원시종교신앙	원시 다신교 (22개 민족)	와족, 징퍼족, 두룽족, 리족(黎族), 고산족, 부랑족(일부), 누족(일부), 이족(彝族, 일부), 하니족, 수이족, 똥족, 거라오족, 요족('盤瓠'신앙), 투쟈족, 써족, 라후족(일부), 부이족, 장족(壯族, 부분), 무라오족, 리수족(일부), 마오난족, 로바족, 푸미족('丁巴敎' 또는 '韓歸敎')
	샤머니즘 (6개 민족)	만주족, 허저족, 다우르족, 어원커족, 오로첸족, 시버족
	초기 종교 민족신앙 (3개 민족)	나시족('東巴敎'), 바이족('本主'신앙), 티베트족(일부, '本敎')
이슬람교 (10개 민족)		회족, 위구르족, 카자흐족, 똥샹족, 싸라족, 보안족, 키르키즈족, 타지크족(시아파), 우즈베크족, 타타르족
불교	라마교 (藏傳佛敎) (10개 민족)	티베트족(藏族), 몽골족, 투족, 위구족, 먼바족, 강족
		푸미족(일부), 누족(일부), 나시족(일부), 로바족(일부)
	남방불교 (5개 민족)	따이족, 아창족, 더앙족
		와족(일부), 부랑족(일부)
	북방불교 (4개 민족)	바이족(일부), 라후족(일부), 나시족(일부), 따이족(일부)
기독교	개신교 (14개 민족)	묘족(일부), 라후족(일부), 조선족(일부), 리수족(일부), 누족(일부), 장족(壯族, 일부), 부이족(일부), 징퍼족(일부), 아창족(일부), 두룽족(일부), 따이족(일부), 이족(彝族, 일부), 와족(일부), 하니족(일부)
	천주교 (6개 민족)	리수족(일부), 누족(일부), 부이족(일부), 장족(壯族, 일부), 징족(일부), 조선족(일부)
	러시아 정교 (1개 민족)	러시아족

중국 내 소수민족의 주요 종교

원시 다신교

원시 다신교는 자연 숭배와 귀신 숭배를 하는데, 기본적으로 모든 사물에 영혼이 존재한다는 애니미즘을 기반으로 한 원시적인 신앙 형태로서, 해·달·별 같은 천체의 구성물, 산·하천·바다·바위·큰 나무 같은 자연물, 태풍·벼락·바람 같은 자연 현상 그리고 동식물 등을 숭배하면서 제사를 지내고, 또한 자연 현상과 인간 사회의 길흉사 등을 귀신이 조화를 부려 일어나는 것으로 해석을 한다.[10] 하늘, 땅 및 산악은 가장 보편적인 자연 숭배 대상으로서, 특히 중국 서남부 지역의 저강氏羌족계 민족이 가장 전형적이다.

토템 숭배와 조상 숭배

토템 숭배(Totemism)와 조상 숭배는 원시 신앙의 하나로서, 초기 단계의 종교 형식이라고 말할 수 있는데, 역사적으로 씨족 공동체 단계에서 대부분 토템 숭배를 가졌다. 중국 서남부 일대와 동북 지역의 일부 민족은 아직도 토템을 숭배하고 있다. 중국 내 대다수 소수민족은 1949년 중화인민공화국 성립 이전에 봉건사회 단계에 있었고 한족의 조상 숭배 문화의 영향을 받아, 친족과 가정의 선조에 대한 숭배를 주로 하였다. 많은 소수민족의 각 가정은 조상의 신주를 모시고 제사를 지낸다. 이러한 한족 문화의 영향을 받은 조상 숭배 양식 이외에도 일부 민족들은 자기 민족만의 독특한 조상 숭배 양식을 갖고 있기도 하다.

알타이 어계 민족의 샤머니즘

알타이 어계 민족의 샤머니즘은 현존하는 원시 종교의 하나로서, 일찍이 중국의 동북 지방과 서북 지방 일대에 걸쳐 알타이 어계의 만주·퉁구스 어족, 몽골 어족 및 투르크 어족에 속하는 많은 민족들이 신앙하였으며, 아직도 일부 민족 사회에서 종교로서의 본래 역할과 기능을 하고 있다.

바이족의 본주교

바이족의 본주교本主敎는 바이족의 독특한 신앙이며, 통상 본주本主[11) 숭배라고도 부르는데, 원시 사회의 마을신에 대한 숭배와 농경 관련 제사에서 유래되었으며, 고대 운남 지역에서 건립된 남조국南詔國과 대리국大理國 시기에 바이족의 중요한 민족 신앙이 되었다. 본주교는 창시자와 엄격한 종교조직, 그리고 체계적인 교의敎義, 신학이론 및 제의祭儀 제도 등이 없지만 종교의 기본 특징과 일반 종교조직의 원초적 형태를 구비하고 있다.

티베트족의 본교

티베트족(藏族)의 본교本敎는 티베트 지역에 불교가 전래되기 이전에 티베트족들이 신앙하였던 일종의 전통 종교로서,

'흑교黑教'라고도 하며 '뻔(本)'이라는 티베트 말을 한어漢語로 음역音譯하여 발교(鉢教, '뽀'교) 또는 분교(笨教, '뻔'교)라고도 한다. 본교는 원시 사회단계에서 발생하여 이후 도교와 샤머니즘의 요소를 흡수하고 8세기 이후에는 티베트 불교인 라마교의 영향을 받았으며, 일부 불교 경전을 본교의 경전으로 받아들이기도 하였다. 현재 서장자치구의 동부와 북부 그리고 사천성의 일부 지역에 잔존하고 있다. 티베트족 이외에 먼바족과 로바족에도 전해져 영향을 미쳤다.

나시족의 동파교

나시족의 동파교東巴教는 나시족이 신봉하는 원시종교이며, 운남성과 사천성 등지의 나시족 지역에서 믿고 있다. 동파교는 그림과 상형부호로 구성된 동파문자로 작성한 경전인 동파경東巴經이 있다. 동파문은 11세기 중엽부터 광범위하게 사용되기 시작하였으며, 주로 경전을 쓰는 데 사용되었다. 중국 내에는 약 1,100여 종의 각종 동파경문이 현존하는데, 동파교와 원시종교 그리고 인류의 초기 문화를 연구하는 데 있어 귀중한 자료가 되고 있다.

도교

도교道教는 중국에서 자생적으로 발전한 종교로서, 당나라 시기부터 주변국가 및 소수민족에도 전파되었다. 중국 서남부 지역의 요족, 마오난족, 징족, 장족壯族, 바이족, 이족彝族, 무라오족, 부이족, 투자족, 뚱족, 푸미족, 강족羌族 및 리족(黎族) 등이 도교를 믿는데, 이 가운데 요족, 마오난족 및 징족(京族) 3개 민족은 도교에 대한 신앙이 매우 보편화되어 있고, 사회 생활에 미치는 영향도 크다. 하지만 여타 다른 소수민족들은 일부 사람만이 도교를 믿으며, 사회생활에 미치는 영향도 크지 않다.

남방불교

남방불교는 소승불교小乘佛敎라고도 부르는데, 중국에는 7세기경 미얀마 지역을 통하여 운남성 시솽반나(西雙版納) 지역에 전파되었으나 초기에는 그 영향이 미미하였다가, 12~13세기경에 초보적인 발전을 이루었다. 이후 13세기 말에 미얀마와 태국 지역을 통하여 다시 운남성 더훙(德宏) 지역에 전파되었으며, 15세기 이후에는 시솽반나와 더훙 지역에서 크게 발전하였다. 이어 15세기부터 17세기에 걸쳐 운남성 일대에 널리 전파되었다. 오늘날 남방불교는 운남성 일대의 따이족, 부랑족, 아창족 및 더앙족이 믿으며, 외족의 일부도 믿는다.

라마교

라마교喇嘛敎는 티베트 불교 또는 장전불교藏傳佛敎라고도 하며 주로 티베트족[12], 몽골족, 투족, 위구족(裕固族), 먼바족 및 푸미족 등과 일부 나시족, 강족 및 누족 등이 믿고 있다. 동시에 인도, 네팔, 시킴, 몽골 및 러시아 등에도 전파되었다.

라마교[13]는 티베트화된 불교로서, 인도에서 티베트 지역에 전래된 불교가 당시 티베트 지역에서 성행하던 '본교本敎'와 장기간 대립하는 과정을 통하여 본교의 일부 신神과 의식儀式, 내용을 흡수함으로써 새로운 형식의 라마교로 변화되었다. 이로 인하여 라마교는 티베트족의 민족적 특징을 선명하게 갖추었으며, 활불전세活佛轉世 제도와 일부 특수한 교파敎派 등은 다른 불교에서는 찾기 어려운 특징이다. 하지만 라마교의 교의와 경전은 불교의 교의와 경전과 같다.

라마교에서는 현세의 달라이 라마를 살아 있는 부처(活佛)로 생각하고 국왕이자 관세음보살의 화신으로 믿고 있으며, 달라이 라마가 죽고 나서 49일이 경과하면 다른 몸에 수태되어 다시 어린 아이로 이 세상에 환생한다고 믿는다. 그 아이가 자라 5세쯤 되면 자연히 그 용모와 행실이 그 이전의 달라이 라마를 닮게 되고, 자연히 라마교의 고승들의 눈에 띄고 이어 사전에 정해진 전통적인 방식에 의하여 확인을 하는 과정을 거치게 된다. 이러한 방식으로 '전세영동轉世靈童'임이 확인되면 그 아이는 다음 달라이 라마로 추대된다. 현존하는 달라이 라마는 이러한 방식으로 선정된 제14대 지도자이다.

이슬람교

7세기경에 아라비아 반도에서 모하메드가 창건한 이슬람교는 흥기하고 나서 오래되지 않아 중국에 들어왔는데, 652년 당 영휘永徽 2년 대식국大食國의 사절이 중국에 도착한 것을 이슬람교가 중국에 전도된 시발로 여겨진다. 이후 송대에 이르기까지 아랍과 페르시아의 수많은 상인들이 중국에 지속적으로 와서 무역을 하였으며 그 가운데 적지 않은 사람들이 장기간 거류하는 과정에서 현지 중국 여성과 결혼하여 중국 내에서 최초의 이슬람교 신자 집단이 되었다. 13세기에 칭기즈칸이 서역 원정을 하면서, 이슬람교를 믿는 중앙아시아인, 아랍인과 페르시아인들이 몽골 군대에 의하여 대거 중국으로 이주하였는데, 서기 16세기에 이르러서는 중국 전역에 이슬람교가 전해졌다. 오늘날 주로 중국 서북부에 거주하는 위구르족, 카자흐족, 키르기즈족, 우즈베크족, 타타르족, 타지크족, 뚱샹족, 보안족 및 싸라족 그리고 중국 전역에 분포하는 회족 등 10개 민족이 이슬람교를 믿는다.

기독교

기독교는 당대[14], 원대, 명대 및 청대에 중국에 각기 전파되었지만, 여러 가지 원인으로 왕조의 교체에 따라 계승이 중단되기도 하고, 조정의 명령으로 포교와 신앙 생활이 금지되기도 하였다. 이에 따라 그 영향도 미미하였다. 1840년 제1차 아편전쟁에서 패배한 이후 청 정부는 비로소 기독교 선교 금지를 풀게 되어 이후 천주교와 기독교 개신교도 공식으로 중국 내 선교 활동을 할 수 있게 되었다. 이에 따라 중국 내지의 강족, 묘족, 요족 및 이족 그리고 운남성 서부 지역의 소수민족들의 일부가 기독교 개신교와 천주교를 믿게 되었다. 하지만 1949년 중화인민공화국을 건립한 이후 중국 내에서 기독교는 급속히 세력이 약화되었다. 중국 내 천주교와 개신교 관련 공식 조직은 서방 세계와의 교류를 거의 단절하였고, 이른바 자전自傳·자판自辦·자양自養을 내세우는 '삼자三自 교회'를 건립하는 등의 자주적인 입장을 강조하게 되었다. 특히 1966년부터 1976년까지 진행된 문화대혁명 기간에는 중국 내 기독교 신자들은 많은 박해를 받았다. 이후 1978년 중국 정부가 개방개혁 정책으로 전환을 하고 1980년대부터 새롭게 전향적이고 개방적인 소수민족 정책을 시행함에 따라, 중국 내 소수민족 사회에서 기독교는 다시 활력을 찾고 있다.

음식 문화

각 민족의 음식은 그들이 주로 하는 생산 활동 및 거주 지역의 자연환경, 손쉽게 구할 수 있는 음식 재료 등과 밀접한 관계가 있을 뿐만 아니라, 동시에 각 민족의 종교 신앙과 전통 관념 등의 영향을 받는다.

중국 내 많은 소수민족은 농업에 종사하기에 대개 곡물穀物을 주식으로 하면서, 각종 채소와 육류를 보조식품으로 먹는다. 하지만 각지의 지리환경과 기후가 다양하기에, 각 지역의 식품도 지역적 특성을 반영하여 다양하다. 예를 들어, 동북 지역의 허저족, 오로첸족, 어원커족 및 광서 지역의 징족 등은 어로와 수렵을 주로 하기에, 물고기와 새우 또는 야생동물의 고기가 주식이다. 송화강변에 거주하는 허저족은 과거 주요 산업이 어로 활동이고, 또한 수렵을 겸하였기에 각종 신선한 어류가 주식이고 동시에 각종 야생동물의 고기를 먹는다. 민족 대다수가 산간지대에 거주하는 두룽족, 누족, 지노족, 징퍼족, 와족, 라후족, 묘족, 요족, 더앙족과, 일부가 산지에 분포한 이족, 바이족 및 하니족 등은 산간지대에서 농업에 주로 종사하면서 부분적으로 어렵과 채집을 하는데, 이들은 한곡旱穀, 옥수수, 메밀, 밀, 감자류 등을 주로 먹는 동시에 야생동물과 야채, 과일 등도 먹는다. 목축업을 민족의 주요 산업으로 하는 몽골족, 카자흐족, 키르기즈족, 타지크족, 티베트족, 위구족(裕固族), 위구르족 및 타타르족 가운데 목축민들은 고기, 동물 젖과 유제품乳製品을 주식으로 한다. 목축업을 주요산업으로 하는 민족은 주식인 고기, 유제품 이외에 통상적으로 일정한 곡물과 채소를 보조식품으로 먹는다. 특히 차茶는 필수불가결한 식품이다. 각지의 목축민들이 즐기는 차는 우유차(奶茶)와 수유차(酥油茶)[15]로 대별할 수 있다. 우유차와 수유차는 목축민들에게 있어서 손님 접대에 필수적인 음료다.

각 소수민족은 일반적으로 술 마시기를 좋아한다. 손님 접대 또는 경사스러운 일이 있을 때 술을 마신다. 각 소수민족은 거주 지역의 생산물에 따라 미주米酒, 수주水酒, 우유술(奶酒), 포곡주包穀酒, 고량주高粱酒 및 청과주靑稞酒 등 각종 술을 만들어 마신다.

일반적으로 대다수 소수민족은 음식에 금기가 없다. 하지만 이슬람교를 신봉하는 소수민족들은 특별한 음식금기가 있다. 이슬람 경전인 코란의 가르침에 따라 자연사한 동물, 동물의 피, 돼지고기 그리고 이슬람식으로 제를 지내지 않고 도살한 가축과 가금류 등 네 가지 음식은 먹지 않는다. 또한 음주의 해악을 경고하고 죄악시하는 코란의 가르침에 따라, 술을 금기시한다. 이슬람교가 일부 음식을 금기시하는 규정을 이슬람교를 받아들인 각 민족들이 오랜 세월 준수하는 과정에서 민족의 보편적인 생활습관이 되었다. 이러한 음식금기의 준수 여부가 종교의 유무 또는 문화의 낙후성 등을 판별하는 절대적인 기준은 될 수는 없을 것이다. 또한 개별 소수민족의 경우, 민족시조와 관련된 동물을 먹지 않는 사례도 적지 않다. 예를 들어, 만주족의 영웅인 누루하치의 생명을 개가 구해주었다는 전설을 존중하는 만주족은 일반적으로 개고기를 먹지 않는다.

복식 문화

중국 소수민족의 복식服食 문화는 여러 가지 요소의 영향을 복합적으로 받아 왔는데, 아열대에서 한대까지 다양한 기후조건과 평원, 고원, 사막 등 각 민족 거주 지역의 지리 환경적 요인이 중요하게 작용하였으며, 노동생산 양식 및 경제 발전 상황도 직접적인 영향을 주었다. 또한 민족에 따라 다소 정도의 차이는 있지만 종교 신앙의 영향도 있으며, 민족 간 상호 교류에 의한 문화적 전파에 따라 다른 민족 복식 문화의 영향[16]을 받기도 하였다. 이처럼 여러 요인의 영향을 복합적으로 받아 다양한 양식으로 발전하여 왔다.

이러한 특수성으로 오늘날 중국 내 55개 소수민족의 복식은 그 민족의 수만큼 다양하다. 아니, 오히려 민족의 숫자보다 더 복잡하고 다채롭다. 따라서 중국 내 소수민족의 복식은 같은 민족이라도 거주 지역에 따라 다르기도 하며, 같은 생활권에 거주하는 여러 민족들의 복장이 유사한 사례도 많다. 중국 내 수많은 소수민족의 복식은 매우 다양하지만, 크게 북방과 남방으로 나누어 소수민족 복식의 특징을 비교하면 대체로 다음과 같이 정리될 수 있다.[17]

몽골 여성의 전통복식, 바이족 여성의 전통복식, 와족 여성의
전통복식, 지노족 여성의 전통복식, 우즈베크족 여성의
전통복식(왼쪽 위부터 시계방향)

중국 소수민족의 남방복식 및 북방 복식 특징 비교

구 분	북 방	남 방
복식 길이 (長短)	긴 옷을 주로 입음(北長)	짧은 옷을 주로 입음(南短)
두발 형태 (辮髺)	변발 형태로 땋아 내림(北辮)	상투 형태로 두발을 올림(南髺)
머리 덮개 (帽帕)	모자를 많이 씀(北帽)	두건을 많이 씀(南帕)
신발 형태 (靴鞋)	목이 긴 가죽신을 많이 신음(北靴)	낮은 단화를 많이 신음(南鞋)
복식 색상 (色相)	강렬한 원색 계통의 색상을 선호함(北原)	청남색 및 흑색 등의 수수한 색상을 선호함(南黑)
복식 재질 (皮紡)	가죽을 주로 사용(北皮)	섬유재료를 주로 사용함(南紡)

주거 문화

중국 내 각 소수민족의 주택건축은 대부분 거주 지역의 기후 조건과 건축재료, 경제생산방식 및 발전수준 등에 따라 달라진다. 이로 인하여 각 소수민족마다 특색 있는 건축 양식이 형성되었으며, 동시에 각 민족 사이에 상호 영향을 주고받아 일부 인근 지역에 거주하는 민족의 주민은 서로 비슷한 양식을 보여주고 있다. 이러한 소수민족의 주요한 주택 양식은 아래와 같이 구분할 수 있다.

우산형 와붕

과거 중국 동북지방의 대흥안령 지역에서 돌아다니며 수렵에 종사하던 오로첸족(鄂倫春族)과 돌아다니는 수렵활동과 병행하여 순록을 사육하던 어원커족(鄂溫克族)은 생산방식이 비교적 원시적이고, 이동생활이 보편적이기에 거주하는 시설도 우산형雨傘形 와붕(窩棚 : 움집)인데, 과거 북미 지역 인디언의 천막형 주거시설과 유사한 모양이다.

우산형 와붕

이동식 텐트

이동식 텐트(氈包)는 몽골족을 비롯한 중국 내 유목민족의 기본적인 주거양식으로서, 주로 광활한 목축지대에서 사용한다. 이러한 주거시설은 접어서 이동하기

몽고포

쉽기에 유목민들이 일상적으로 이동을 하며 생활하는 데 매우 적합한 주거 양식이다. 가장 대표적인 것은 몽골족의 몽고포蒙古包이다.

간란식干欄式 죽목루竹木樓

대나무로 기둥과 골조를 만드는 다락집은 중국 남부 지역 특히 열대 또는 아열대 지역에 분포하는 각 소수민족이 보편

41

간란식 다락집

적으로 거주하는 가옥 양식으로서, 신석기 시대부터 사용한 흔적이 발견되고 있다. 중국 남부 지역은 비가 많이 오고 습도가 높으며, 날씨가 무더운 한편 뱀과 벌레 등이 많이 서식하고 있어, 병에 걸리기 쉽고 물건도 쉽게 상한다. 이러한 자연풍토에 어울리게 대나무와 목재를 이용하여 기둥으로 엮고, 목판이나 대나무로 짠 널빤지를 이용하여 벽을 만들어 바람이 잘 드나들게 하여 습도를 피하며, 지붕은 풀이나 기와로 올린다. 그리고 일반적으로 2층으로 만들어 위층에는 뱀, 벌레 등을 피하여 사람이 기거하고 아래층은 가축을 키우거나 농기구 등 물건을 둔다. 간란식 주택은 마란麻欄, 각란閣欄, 갈란葛欄 또는 조각루弔脚樓, 반변루半邊樓라고도 부른다.

보루식堡壘式 조방碉房

성채와 같은(堡壘式) 돌집(碉房)은 주로 티베트족, 강족 및 복건성의 한족 객가인客家人이 주로 거주한다. 지붕이 평평한 입방체 돌집으로, 일반적으로 목재로 기둥을 걸치고, 돌이나 굽지 않은 흙벽돌로 담장을 쌓으며 때로는 직접 토담을 쌓기도 한다. 문과 창문 위에는 처마를 만들며, 지붕에는 가는 원목을 가로 질러 놓고 위에는 나뭇가지를 깔고 나뭇가지 사이에는 작은 돌을 깔며, 이어 그 위를 진흙으로 발라 평평한 지붕을 완성한다. 이러한 집은 보통 1~3층이며, 5~6층으로 짓기도 한다. 집 주변에는 대개 사방에 토담을 쌓아 마당을 조성하며, 지붕에는 종교적 의미의 깃발을 꽂는다.

보루식 조방

평정平頂 토옥土屋

지붕이 평평한(平頂) 토옥은 대개 흙과 목재로 짓는데, 겨울에 따뜻하고 여름에 시원한 특징이 있다. 이러한 구조의 토옥은 중국 대륙 남방의 이족, 하니족, 서북 지역의 위구르족, 우즈베크족, 타지크족, 뚱샹족, 보안족 및 싸라족 등 사회에 존재한다.

원락식院落式 와방瓦房

정원이 있는(院落式) 기와방(瓦房)은 바이족(白族) 및 나시족(納西族)의 가옥이 가장 대표적인데, 두 민족의 건축 양식은 거의 비슷하다. 운남성의 산간 평지에 거주하는 바이족은 대개 흙과 목재 또는 석재와 목재로 만든 와방瓦房에 거주하는데, 일반적으로 폐쇄된 '원락(院落 : '마당' 또는 '정원'이라는 뜻)'을 하나의 단위로 짓는다. '원락'의 유형은 '일방일랑一坊一廊', '양방일이兩坊一耳', '삼방일조벽三坊一照壁' 및 '사합오천정四合五天井' 등으로 나눈다.

고루와 풍우교

고루鼓樓와 풍우교風雨橋는 뚱족(侗族)의 전통적인 목조건축 양식으로서, 귀주성, 호남성, 광서 장족자치구에 주로 분포하는 뚱족 마을에서 볼 수 있다.

뚱족의 풍우교

혼인 및 가정제도

과거 중국 내 소수민족 사회는 약탈혼을 비롯하여 일부다처제, 일처다부제 및 계급혼階級婚 등 다양한 혼인관습이 존재하였으며, 현재도 일부는 관습적으로 시행되고 있는 것으로 보인다.

하지만 1949년 중화인민공화국 성립 이후 일부일처제를 근간으로 하여 혼인 당사자의 의사에 따른 혼인을 규정하는 근대적인 내용의 '혼인법'이 시행됨에 따라, 소수민족들의 비근대적인 혼인관습은 사라지고 있거나 많이 약화되었다고 말할 수 있다. 대다수 소수민족은 일부일처제를 시행하고 있으며, 대다수 한족과 마찬가지로 부모가 자식의 혼사를 결정하는 소위 '포판혼인제包辦婚姻制'를 실시하지만, 한족에 비해서는 봉건적인 예교禮教의 구속을 덜 받으며, 청춘 남녀가 혼인 전에 연애를 하는 데 비교적 자유롭고 성생활도 개방적이다. 소수민족의 주요한 혼속은 다음과 같다.

일처다부제

일처다부제一妻多夫制는 주로 티베트족 사회에서 행해진다. 과거 티베트족은 형제가 한 명의 부인을 공유하는 것이 가장 일반적이고, 친구 간에 부인을 공유하는 형태도 있으며 드물게 아버지가 원래의 부인과 헤어지게 되면, 새로 시집온 여성을 아들과 함께 공유하기도 하였다. 일처다부제의 생활방식은 과거 모계母系 중심 여성 우위의 사회관습이 반영된 것으로 볼 수 있는데, 티베트 지역에서는 야크를 끄는 힘든 일을 제외하고는 김매는 밭일, 초원에서 양떼를 몰거나 양젖을 짜는 일 등이 모두 여성의 몫이다. 요리나 빨래 등 가사는 남녀가 같이 하지만 가정의 중요 결정권은 여자 쪽에 있다.

일부다처제

일부다처제一夫多妻制는 역사적으로 많은 소수민족 사회 내에 보편적으로 존재하였으며, 회족, 위구르족, 카자흐족, 몽골족, 티베트족, 만주족, 외족, 두룽족, 누족, 먼바족 및 로바족 등은 일부가 일부다처의 혼인관계를 가졌다. 티베트족의 경우, 일처다부제에 비해 드물게 일부다처제를 행하기도 하는데, 보통 자매간에 또는 어머니와 딸이 남편을 공유하는 경우다. 어머니와 딸이 한 남편을 섬기는 일부다처제는 어머니가 과부가 된 뒤 가족을 부양할 남자가 필요한 경우에만 이뤄진다. 과부가 된 어머니는 먼저 새 남편을 맞이한 뒤 딸이 성장하면 계부와 결혼시켜 남편을 공유하는 것이다. 또한 토지를 소유하고

있는 집에 대를 이를 아들이 없고 딸만 있을 때 그 집에 들어
간 양자는 장녀뿐만 아니라 나머지 딸들과도 혼인을 한다.

전방제

전방제轉房制는 남편이 죽게 되면 여자가 죽은 남편의 형제
에게 재가再嫁를 하는 의무이자 권리를 말하는데, 반대로 부
인이 먼저 죽으면 그 남편은 부인의 미혼 자매와 결혼을 하기
도 한다. 카자흐족, 키르기즈족, 어원커족, 허저족, 다우르족,
장족, 마오난족, 리족, 묘족, 이족, 바이족, 하니족, 누족, 징퍼
족, 리수족, 무라오족, 두룽족 및 로바족 등이 정도는 다르지
만 이러한 혼인 풍속을 갖고 있다.

각 민족의 전방제 풍속은 다양하여, 예를 들어 남동생이 죽
으면 형이 제수弟嫂를 취하고 남동생은 형이 죽더라도 형수兄
嫂를 부인으로 맞을 수 없기도 하며, 반대의 경우도 있다. 또
한 형은 같은 친족 내 같은 항렬의 형제 사이에서만 전방을
할 수 있는데, 특별히 같은 항렬의 형제가 없을 경우에는 높은
항렬이나 낮은 항렬에서도 전방을 행한다. 이러한 전방제는
고대에 형제가 처를 공유하는 풍속의 잔재라고 말할 수 있다.

약탈혼

약탈혼掠奪婚은 고대 원시적인 사회 단계에서 남자가 다른
씨족 부락의 부녀자를 약탈하여 처로 만드는 관습으로서, 몽
골족이나 말갈족 등이 약탈혼을 행하였다는 역사 기록이 남아

있다. 오늘날 중국 내 일부 소수민족이 시행하고 있는 약탈혼
은, '약탈'을 가장하여 혼인을 체결하는 방식이며, '약탈'을 행
하기 전에 상대방 여자의 동의를 얻으며 또한 여자 측 부모의
동의를 얻어야 하는 경우도 있다. 이러한 약탈혼의 유습은 주
로 20세기 전반기까지 묘족, 징퍼족, 나시족, 이족, 바이족, 리
수족, 부이족, 리족, 강족 및 고산족 등이 행하였으며, 아직도
묘족, 징퍼족 및 나시족 사회 등에 남아있다.

불락부가

불락부가不落夫家 관습은 '좌가坐家' 또는 '장주낭가長住娘
家'라고도 하는데, 일반적으로 혼례를 한 당일 또는 2~3일간
만 신부가 신랑 집에 있다가 자신의 친정집에 돌아가서 장기
간 살며, 이후 전통명절 또는 농한기 기간 등에 신랑이 신부
집에 찾아가 며칠간 머물다가 신부를 데리고 자신의 집으로
돌아온다. 보통 신부가 친정집에 머무는 기간은 3~4년이며
7~8년 심지어는 10년 이상이 되기도 한다. 이 풍속은 20세기
전반기까지 장족, 뚱족, 부이족, 수이족, 리족, 묘족, 요족, 마
오난족, 무라오족 및 하니족 등의 일부가 행하였다.

등급내혼과 족내혼

등급내혼等級內婚과 족내혼族內婚은 티베트족, 이족, 징퍼
족 등 일부 민족 사회 내부에서 같은 민족의 서로 다른 계급
간 혼인을 금하는 엄격한 등급내혼과 족내혼을 시행하였다.

씨족외혼제

일부 민족은 각 씨족 간에 엄격한 씨족외혼제氏族外婚制를 시행함으로써, 씨족을 단위로 하는 공고한 혼인집단을 형성하였다. 동북지방의 어원커족 역시 씨족외혼제를 시행하는데 어원커족은 26개의 큰 성씨가 있어 배우자를 정하기 전에 우선 상대방이 어느 토템과 어느 씨족에 속하는 지를 묻고 만약 동일한 씨족이나 동일한 토템을 믿으면 통혼을 할 수 없다.

아하혼제

아하혼阿夏婚[18]은 운남성 용닝(永寧) 지방에 거주하는 나시족의 한 지계인 마사인摩梭人의 혼인제도로서 모계제 가정을 유지하고 있다. 아하혼의 특징은 모계 중심의 대가정大家庭을 기초로 부녀자가 핵심이 되어, 가문과 재산을 모계 가족 구성원이 승계하며, 공동으로 생산하고 공동으로 소비를 한다. 남녀는 자유롭게 반려자를 선택할 수 있는데, 남자도 여자를 데려오지 않고 여자도 시집을 가지 않은 채, 반려자 쌍방이 낮에는 각자 모계 중심의 자기 집에 기거하다가 남자 아하阿夏가 저녁이 되면 여자 집에 가서 잠을 자고 날이 밝으면 다시 혼자서 자기 집으로 돌아오고 낮 시간에는 특별한 일이 아니면 여자 집에 함부로 들르지 않는다.

문자

중국 내 소수민족이 사용하는 문자 상황은 그 언어만큼 다양하고 복잡하다. 역사적으로 일찍이 비교적 문자의 기능이 훌륭한 민족 고유의 문자를 창제하여 오늘날까지 사용하면서 주변 다른 민족의 문자생활에까지 영향을 준 몽골족, 위구르족 및 티베트족 같은 소수민족들이 있는 반면, 자기 민족문자를 창제하였지만 문자의 자체 결함 등으로 후세에 활용이 잘 안 되는 경우도 있으며, 아예 역사의 기록만 남기고 사라진 문자도 적지 않다. 반면 한족의 영향으로 한자 및 한문을 자기 민족의 서사敍事 문자체계로 활용하는 소수민족도 적지 않으며, 19세기 말부터 외부의 선교사들이 선교 목적으로 문자를 만들어주기도 하였다.

1949년 중화인민공화국 성립 이전에 중국 내에서 한족을 포함한 21개 민족이 24종의 문자를 사용하고 있었다.19) 이 가운데에는 따이족(傣族)의 표음문자 네 종류가 포함되어 있다. 중화인민공화국 성립 이후 중국 정부에서는 장족, 부이족, 묘족, 뚱족, 하니족, 리수족, 와족, 나시족, 바이족 및 투족 등 11개 소수민족이 사용할 수 있도록 라틴 자모에 기초한 표음문자를 새롭게 만들었다. 이 가운데에는 묘족 방언의 차이가 너무 큰 상황을 감안하여 묘족을 위한 네 종류의 문자가 포함되며, 이어 1957년 징퍼족 가운데 재와어載瓦語를 사용하는 지계支系를 위하여 새롭게 만든 재와문載瓦文까지 합하여 모

나시족의 동파 상형문자

두 라틴 자모 계열의 새로운 문자 15종을 창제하였다. 새롭게 만들어진 문자는 대부분 시험 단계에 있거나 보급 중에 있다. 현재 중국 내에는 27개의 민족(한족 포함)이 모두 39종(한자 포함)의 문자를 사용하거나 시범적으로 사용 중인데[20], 문자 사용 현황은 아래 표와 같다.

중국 내 각 민족이 사용 중 또는 시범 사용 중인 39종의 문자표[21]

민 족	문 자	민 족	문 자
한족(漢族)	한문(漢文)	이족(彝族)	이족 문자(彝文)
회족(回族)	일반적으로 한문(漢文) 사용	리족(黎族)	신 리족 문자(新創黎文)
만주족(滿族)	일반적으로 한문(漢文) 사용	장족(壯族)	① 방괴장자(方塊壯字) ② 신 장족 문자(新創壯文)
몽골족(蒙古族)	① 몽골 문자(蒙古文) ② 신강 몽골 문자(新疆蒙文)	라후족(拉祜族)	라후족 문자(拉祜文)
티베트족(藏族)	티베트 문자(藏文)	시버족(錫伯族)	시버 문자(錫伯文)
위구르족(維吾爾族)	위구르 문자(維吾爾文)	러시아족(俄羅斯族)	러시아 키릴문자(俄羅斯文)
카자흐족(哈薩克族)	카자흐 문자(哈薩克文)	요족(瑤族)	방괴요문(方塊瑤文)
키르기즈족(柯爾克孜族)	키르기즈 문자(柯爾克孜文)	와족(佤族)	① 옛 와족 문자(舊佤文) ② 신 와족 문자(新創佤文)
조선족(朝鮮族)	한글(朝鮮文)	투족(土族)	신 투족 문자(新創土族文)

묘족(苗族)	① 검동묘문(黔東苗文) ② 상서묘문(湘西苗文) ③ 천검전묘문(川黔滇苗文) ④ 전동북묘문(滇東北苗文) ⑤ 방괴병음묘문 　(方塊拼音苗文)	리수족 (傈僳族)	① 신 리수족 문자 　(新創傈僳文) ② 라틴 대문자 자모를 거꾸 　로 쓰는 형식의 리수족 　문자(傈僳文) ③ 리수족 음절문자 　(傈僳音節文字)
징퍼족 (景頗族)	① 징퍼 문자(景頗文) ② 신 '재와문'(新創載瓦文)	바이족 (白族)	① 방괴백문(方塊白文) ② 신 바이족 문자 　(新創白文)
부이족 (布依族)	신 부이족 문자(新創布依文)	나시족 (納西族)	신 나시족 문자 (新創納西文)
하니족 (哈尼族)	신 하니족 문자(新創哈尼文)	따이족 (傣族)	① 태륵문(傣仂文, 傣泐文) ② 태나문(傣哪文) ③ 태붕문(傣繃文) ④ 금평태단문 　(金平傣文, 傣端文)
뚱족(侗族)	신 뚱족 문자(新創侗文)		

중국 당국의 소수민족 정책

쑨원의 '오족공화五族共和' 민족평등론

1911년 신해혁명辛亥革命 전후 중국 내 소수민족 문제에 대한 한족 지식계층과 지도자들의 주요한 태도와 입장은 당시 대표적인 혁명 지도자였던 쑨원(孫文)의 구상으로 대변될 수 있다. 쑨원은 중국 내 여러 민족 가운데 한족, 만주족, 몽골족, 회족 및 티베트족의 5개 민족이 협력하는 공화국을 건설하여야 한다는 견해를 가졌다.

또한 쑨원은 제1차 국공합작國共合作이 이루어진 이후 '민족주의'에 대한 새로운 해석을 하여, "첫째, 중국의 각 민족이 스스로 해방을 구하여야 하며, 둘째, 중국 내 각 민족은 일률적으로 평등해야 한다."[22]라고 하면서 "국내의 약소민족에 대하여 정부가 응당히 지원하여야 하며,"[23] "하나의 민족이 마음대로 전횡하는 것으로부터 모든 민족이 평등하게 결합하는 것으로 넘어가야 한다."[24]라고 주장하였다.

국민당 정부 장제스의 '국족동원론國族同源論'

하지만 쑨원 사후에 중국 내정의 주도권을 장악한 국민당 정부의 장제스(蔣介石)은 소위 역대 대다수 중원왕조가 취하였던 기본정책인 '대한족주의大漢族主義'로 회귀하여 소수민족에 대한 압박과 강제동화 정책을 취하였다. 예를 들어, 회족에 대하여 생활관습이 특수한 한족이라고 하여 그 소수민족으로서의 지위를 인정하지 않았으며, 또한 중국 내 소수민족의 존재를 부인하면서 '국족國族'인 한족漢族 이외의 각 소수민족을 '종족宗族'이라고 불렀다.[25] 즉, 중국 민족은 역사적으로 여러 '종족'이 융합되어 형성된 것이며, 한족의 갈래인 각지의 여러 '종족'은 단일한 시조始祖로부터 갈라져 나왔으며 원류가 같기에 같은 혈통상의 크고 작은 갈래라고 주장하였다. 이처럼 국민당 정부는 한족만을 인정하고 다른 소수민족의 존재를 부인하면서 각 소수민족은 한족의 갈래라고 주장하였다.

국민당은 소수민족에 대한 동화同化 정책에 중점을 두고 전반적인 소수민족 정책을 경직되게 운영하였다. 구체적으로는 각 소수민족에게 자신의 민족 언어로 교육할 수 있는 권리도

주지 않았고, 자치권도 부여하지 않았다. 국민당의 이러한 한
족 위주의 민족정책은 당시 대립하던 중국 공산당에게 교훈을
주어 중국 공산당은 보다 유화적이고 회유적인 소수민족 정책
을 실시하여 많은 소수민족의 협조를 받을 수 있었다.

집권 이전 중국 공산당의 민족자결론民族自決論

　　1921년 창당된 중국 공산당은 1949년 중화인민공화국 건
립 전까지 국민당 정부와의 대립 및 항일 투쟁 과정에서 열세
한 상황을 극복하기 위하여 중국 대륙의 각 지역에서 나름대
로의 지역 기반을 갖고 있던 소수민족들의 도움이 절대적으로
필요하였다. 이에 따라 중국 공산당은 세력 열세를 극복하고
중국 대륙에서 정권을 장악하는 대목표를 달성하기 위하여,
소수민족의 반한족反漢族 감정 및 반국민당反國民黨 정서를
최대한 이용하여 궁극적으로 국민당 정권을 고립시키고 나아
가 소수민족을 공산당이 동원하거나 최소한 공산당에 반대하
지 않도록 유도할 수 있는 선언적인 의미의 정책적 입장을 견
지하였다.

　　하지만 시대 상황과 정세 변화에 따라 공산당의 구체적인
소수민족 정책과 기본 입장도 변화하였다.

　　먼저 1920년대 초반기에 중국 공산당은 창당 초기에는 소
수민족 문제에 대하여 관심이 비교적 적었는데, 1922년 6월
10일 발표한 중국 공산당이 긴급히 해결해야 할 9개의 가장

중요한 목표 가운데 소수민족 문제는 포함되지 않았다.[26] 하지만 1927년 국민당과의 제1차 국공합작이 결렬된 이후 국민당과의 대결에서 열세에 몰린 중국 공산당은 전략적 지지 기반 확대 및 혁명 성공을 위한 군중노선 차원에서 농촌과 변방에 거주하는 소수민족 문제에 큰 관심을 갖게 되었다. 이에 따라 중국 공산당은 1931년 각 소수민족에게 독립국가 건설 또는 중국 연방제 참여 등을 포함하여 완전한 민족자결권을 인정하는 선언을 하였다.[27] 소수민족들에게 미래에 분리, 독립할 수 있는 권리까지 허용하겠다는 공산당의 정책 선언은 당시 장제스가 주도하던 국민당이 소수민족의 존재 자체도 부인하면서 한족 중심의 통합을 지향하였던 입장과는 매우 대조적이면서, 대단히 파격적인 내용이라고 볼 수 있다. 하지만 이러한 정책적 입장은 초창기 공산당이 당시 국민당의 강한 반공 反共 압박으로 인한 어려운 상황을 타개하기 위하여, 공산당에 대한 소수민족의 협력을 유도하고 최소한 공산당에 대한 반대를 피하기 위한 정치적 선전의 의미가 강하며, 실제로 당시 이러한 정책을 실천할 수 있는 현실적 조건이 형성되지 않았다는 측면에서 선언적 의미에 그칠 수밖에 없었다.

연방제 허용을 포함하여 소수민족에게 분리, 독립과 자결권을 부여하겠다는 중국 공산당의 정책 선언은, 마오쩌둥(毛澤東) 사상이 중국 공산당 내에서 지도적인 위치를 차지하기 시작한 1936년 이후 사라졌는데, 특히 이 시기를 전후하여 일본의 사주에 의하여 내몽고 지역에서 친일적인 몽골족의 민족정권이 성립하는 등 소수민족의 분리 독립 움직임이 현실화되는 상황도 영향을 미친 것으로 보인다. 이때부터 중국 공산당은 소련의 교조적인 민족 이론과 민족 정책에서 탈피하여, 향후 중국 공산당의 집권을 전제로 중국의 현실을 대폭 반영한 정책으로 전환하였으며, '연방聯邦'이라는 구호는 사라졌다. 대신 중국이라는 큰 틀 내에서 '항일구국抗日救國'을 위한 협력이라는 명분과 대전제 아래에서만 소수민족의 '자치'를 허용하는 방향으로 정책적 변화를 보였다. 이러한 입장 변화는 공산당의 중국대륙 석권이 현실화되기 직전인 1949년 9월 개최된 제1차 전국정치협상회의 전체회의에서 더욱 구체화되어, 향후 중국 공산당 정권의 정책 방향을 제시하면서 소수민족의 분리, 독립에 대한 반대 입장을 표명하였는데, 중국 내 각 소수민족을 '중화민족中華民族'이라는 실체가 불분명한 이름의 큰 가정 구성원으로 비유하여 "중화인민공화국은 다민족多民族이 우애, 협력하는 대가정大家庭이다."라고 규정하였다.

이처럼 중국 공산당은 국민당과 일본에 대한 투쟁 과정과 경험을 통하여 소수민족 문제 및 그 중요성을 인식할 수 있었으며, 시대적 상황과 공산당 내부 사정에 따라 대외적으로 천명한 정책적 입장도 초기에 소수민족의 분리, 독립 및 자결권을 인정하는 소위 '연방론'에서 이후 자치권 정도만 인정하는 '민족단결론'으로 변화하였다. 중국 공산당은 이러한 경험과 입장에 기초하여 중화인민공화국 정권 수립 이후 나름대로의 소수민족 정책을 수립, 실천하게 되었다.

중화인민공화국 성립 이후 소수민족 정책

　1949년 중화인민공화국 수립 이후 공산당의 소수민족 정책은 대내외 정세 변화에 따라 소수민족에 대한 기본입장과 정책도 몇 차례 뚜렷한 변화와 전환을 보여주었다. 이러한 변화는 먼저 1949년 정권 수립부터 1958년까지 약 10년간의 소수민족 정책 정립기, 1958년부터 1965년까지 약 7년간의 소위 동원체제 시기, 1966년부터 1976년까지 약 10년간의 문화대혁명 시기, 그리고 1978년 이후 개방개혁 시기로 크게 나눌수 있다. 각 시기별로 중국 정부의 소수민족 정책을 구체적으로 살펴보면 다음과 같다.

건국 초기의 소수민족 정책 정립기(1949~1958)

　이 시기는 새로 집권한 중국 공산당 정부가 건국 이후 약 10년간 정권 초창기에 국가 통합과 사회 안정을 위하여, 집권 이전의 경험을 바탕으로 소수민족에 대한 호의적인 입장에서 의욕적으로 각종 정책을 제도화하고 소수민족 사회의 안정을 이루기 위한 적극적인 노력을 전개하였다고 개관할 수 있다.

　즉, 국공내전 등을 거쳐 막 수립된 공산당 정권은 전국적 범위에서 안정적인 통치를 하지 못하고 있었으며, 현실적으로 각 소수민족 사회와 지역 사정이 서로 달랐기에[28], 중국 정부의 소수민족 정책은 선언적 특징과 부분적인 실시라는 성격을 갖고 있었고, 구체적인 정책은 각 소수민족 지역의 사정에 따라 다르게 시행되었다.

　주요 정책 내용은 소수민족 지역 안정화 추진, 민족식별 사업 실시, 민족구역자치제도 정립 및 소수민족 간부 배양 노력 등으로 집약할 수 있다. 가장 핵심 정책인 민족구역자치民族區域自治는 중국을 분열시키지 않고, 공산당의 일당독재를 수용하는 전제 위에서 소수민족 밀집거주 지역에서 해당 민족이 행정, 경제 및 문화 분야에서 일정 부분의 자치를 허용하는 제도로서, 오늘날까지 중국 소수민족 정책의 근간이 되고 있다.[29] 아울러 이러한 소수민족 정책을 효과적으로 수행하기 위하여 중국 정부는 공산당에 협력하는 소수민족 간부의 육성에 힘을 기울였으며, 각지에 이러한 소수민족 간부 배양을 위한 교육기관으로 중국 각지에 '민족학원'을 설립하였다.

소수민족 정책 혼란기(1958~1978)

　1958년부터 1978년까지 20년 동안은 '소수민족 정책 혼란기'라고 말할 수 있는데, 이 시기는 중국 전체가 국내외적으로 큰 혼란을 겪었던 시대로, 건국 초기에 수립되었던 소수민족 관련 정책이 근본적으로 부인되거나 큰 혼란을 겪었으며, 아울러 각 소수민족들도 심각한 수난을 당하였다.

　이 시기는 다시 동원체제 시기와 문화대혁명 시기로 구분할 수 있다.

① 동원체제動員體制 시기(1958~1965)

이 시기는 중국 전체가 정치적 및 경제적으로 큰 혼란을 겪었던 기간으로서, 대내외 여건의 변화에 따라 중국 공산당과 정부는 이전의 유화적인 정책에서 급속히 전환하여 소수민족의 입장과 의견을 무시하고, 이상적인 사회주의 단계의 조기 실현을 위하여 비현실적인 정책을 무리하게 강행하고 심지어 탄압까지 하였다고 요약할 수 있다. 이 시기 민족정책은 '민족문제의 본질은 계급 문제'라는 기본 논리에 따라 소수민족과 소수민족 지역에 대하여 대대적인 통합정책을 강행하였으며, 이에 대항하는 소수민족에 대해서는 강경하게 진압하고, 중국의 행정단위를 개별 민족 지역으로 확대하고자 하였다.

먼저 국내적으로는, 소수민족에 대한 호의적이었던 태도와 기존 정책의 기조를 바꾸어 급속한 동화정책을 시행하였다. 또한 사회주의 실현을 앞당긴다는 명분으로 무리하게 진행된 인민공사人民公社 제도 등 조치에 소수민족도 강제적으로 동원하였다. 아울러 국제적으로 1950년대 말부터 시작된 소련과의 이념 분쟁과 인도와의 국경 분쟁 등으로 소수민족이 주로 거주하는 변경 지역에 안보위기가 조성되자, 이 지역의 주요 거주민인 소수민족에 대하여 압박을 가하였다. 한편 이 시기에 자연재해까지 겹쳐 원래 빈곤하였던 소수민족 지역은 더욱 경제적인 어려움을 겪게 되었다. 여기에 중국 당국은 식량생산의 증대를 위해 한족 농민들을 대대적으로 변방으로 이주시켜 소수민족 지역의 적지 않은 목축지와 삼림지대 등을 농업

경작지로 형질변경을 함에 따라 해당 지역 소수민족의 전통적인 산업경제 기반이 변화되고 토착사회의 정치적 및 경제적 구조 역시 흔들리는 결과가 되었다.

이처럼 중국정부와 소수민족 간 그리고 한족과 소수민족 간의 모순 및 갈등이 고조되고 소수민족의 불만과 반감이 심화되면서, 마침내 1959년 달라이 라마 14세의 인도 망명으로 대표되는 소위 티베트 사건이 발생하였으며, 이어 1961년부터 1962년까지 신강 지역의 소수민족 반란사건, 그리고 1962년 내몽고 자치주에서 몽골족의 민족운동 등이 폭발하였다.

② 문화대혁명 시기(1966~1976)

1966년부터 1976년까지 지속된 문화대혁명은, 직전의 동원체제 시기에 이어 중국 전체를 대혼란으로 몰아넣었다. 마오쩌둥(毛澤東), 린뱌오(林彪) 및 4인방에 의하여 주도된 극단적 좌파 정책은 급진적인 사회변화를 추구하는 한편, 민족문제를 근본적인 계급모순 문제로 파악하면서 교조적인 사회주의 민족 정책을 실시하였다. 이 시기에는 "민족문제는 '실질적인' 계급 문제"라는 기본 인식 아래, 민족자치제를 폐지하는 등 과격한 소수민족 정책이 시행되었다.

이에 따라 건국 초기에 수립된 유연한 소수민족 정책과 소수민족의 특수성 등이 철저히 무시되었고, 소수민족에 대한 급진적인 동화 정책을 추진하였다. 이러한 과격한 민족 정책으로 각 소수민족은 많은 불만과 반감을 갖게 되었고, 한족과 소수민족 사이에 대립이 격화되는 상황에 이르렀다.

이러한 혼란스러운 상황은 1976년 마오쩌둥의 사망을 계기로 그간 좌파적 정책을 주도하던 소위 4인방이 몰락하면서 변화되기 시작하였지만, 1978년 중국 공산당 제11기 3중 전회에서 덩샤오핑(鄧小平) 주도로 개혁개방의 국가 발전전략 방향을 제시하면서 소수민족 문제를 포함한 각종 정책이 새롭게 정립될 때까지 지속되었다.

소수민족 정책 회복 및 재정립기(1978~현재)

1958년부터 약 20년간 실시된 급진적이고 강압적인 소수민족 정책의 결과를 통하여 민족문제가 단기간에 급진적으로 해결될 수 없음이 분명해지면서, 이 시기부터는 중국정부가 근본적으로 정책을 전환하여 실용적이고 점진적인 사회주의 건설을 강조하는 노선을 따랐으며, 각 소수민족의 다양성과 특수성을 인정하는 다원주의적 측면에서 점진적인 융합을 추구하는 방향으로 소수민족 정책을 추진하였다.

이 시기에는 중국정부의 최대 국가목표인 경제개발을 위하여 전 국토의 60% 이상을 차지하면서 낙후한 상황에 처하여 있는 소수민족 지역을 균형 있게 개발하고 동 지역의 물적 자원과 인적 자원을 적극적으로 동원하는 것은 중국 현대화의 선결과제로 대두되었다. 이에 따라, 소수민족 지역의 자원을 효율적으로 이용하고, 소수민족의 자발적인 참여를 유도하는 것이 중요하였기에, 소수민족 지역에 대한 경제지원 정책을 강화하는 등의 방식으로 '경제적 통합'을 이루려 하고 있다. 아울러 경제적 통합을 통하여 소수민족의 국가의식을 강화하고 각 민족의 이익을 보장하고 구성원의 생활수준을 향상시킴으로써 장기적으로 중국체제에 통합하는 방식으로 민족문제를 근본적으로 해결하려고 도모하였다.

이 시기의 정책을 크게 경제 정책, 인구 정책 및 문화 정책으로 구분한다면, 먼저 경제 측면에서 개혁시기에 소수민족지역에 대하여 각종 특혜 및 우대를 부여하였다.[30] 이러한 우대조치를 통하여 소수민족 지역의 경제발전과 생활수준을 향상시키고 장기적으로 경제적 통합을 달성하여 국가통합을 강화하고자 하였다. 인구 정책은 중국 정부가 한족에 대하여 '1가구 1자녀' 원칙을 적용하였지만 소수민족에 대해서는 이 원칙을 예외적으로 적용하여 2자녀 출산을 허용하였다.[31] 문화 정책도 많은 변화가 있었는데, 예를 들면, 본래 종교 활동이 금지되어 있던 공산당원의 경우에도 신강위구르자치구나 서장西藏자치구처럼 대부분 주민이 종교를 믿고 있는 지역에서는 예외적으로 당원의 종교 활동 참여가 허용되었다.

1978년 중국 정부가 개혁개방 정책 채택에 따른 소수민족정책의 변화를 시기적으로 보다 세분하면 다음과 같다.

① 소수민족 정책 회복기(1978~1984)

이 시기는 과거의 문제가 있는 소수민족 정책을 시정, 회복하기 위하여 노력하였던 시기로, 동원체제 시기 및 문화대혁명 시기의 좌파 사상적 속박으로부터 벗어나 민족구역 자치를 회복하기 위한 초기 단계였다. 즉, 1978년부터 실질적으로 덩샤오핑 중심의 새로운 지도 체제가 확립되면서, 소수민족 정책도 문화 혁명 이전으로 환원되어 민족평등과 자치권 행사를 허용하였으며, 민족자치제를 회복하였다. 이 시기의 소수민족 정책은 민족 간 평등, 단결, 상호협조를 내세우면서 모든 민족 정책은 사회주의 현대화 건설에 공헌해야 한다고 표방하였다. 실제로 중국 정부는 국가 정책목표의 최우선 순위를 경제 개발에 두고, 정치적으로 소수민족 지역의 자치권 보장뿐만 아니라, 경제적으로 소수민족 지역에도 한족 지역처럼 자유시장과 변경무역을 장려하였다. 이처럼 새로운 정책 시행을 통해 그간 악화되었던 소수민족의 반감을 완화하고 4개 현대화 사업의 성공적 추진을 위한 민족단결民族團結의 정책적 기반을 마련하였다.

② '사회주의 초급단계'에 맞는 소수민족 정책 조정기
(1984~1991)

이 시기는 1984년 민족구역자치법이 국회에 해당하는 전국인민대표대회에서 통과되면서 시작된다. 민족구역자치법은 중국의 새로운 소수민족 정책이 정상적으로 작동할 수 있게 되었음을 의미한다. 이 시기에는 정치적 측면에서 민족구역자치를 강화하고, 경제발전을 중시하면서, 문화 방면에서도 소수민족의 언어, 문학 및 역사 등에 대한 연구가 활발해졌으며,

소수민족 언어를 이용한 언론, 출판 등의 자유와 관련하여 일정한 범위 내에서 이를 허용하고 지원하였다. 또한 소수민족 지역에 대한 교육사업과 의료사업에 대한 정부의 지원도 강화하였다.

특히 국가차원의 개혁개방 추진에 따른 시장 경제 도입 원칙이 '중국 특색의 사회주의'와 '사회주의 초급 단계론'으로 정리되면서, 소수민족 정책도 이러한 국가의 정책목표 달성에 이바지해야 한다는 것을 강조하면서 소수민족 지역의 경제발전에 중점을 두었다. 이를 위하여 민족자치구역에 향진鄕鎭기업의 허용 등 사회주의 시장경제를 도입하기도 하였다.

③ '전면 개방기'의 소수민족 정책(1992~현재)

1992년 중국 정부가 1980년대의 개혁개방 경험을 바탕으로 경제적 측면에서 전면 개방 정책을 시행함에 따라, 소수민족 정책도 변화가 불가피하게 되었다. 개혁개방 정책 시행결과, 덩샤오핑의 불균등 성장론에 의해 연해 지역에서 떨어진 소수민족 지역은 개방의 시기도 늦고 개방의 혜택에서도 소외됨에 따라, 경제 발전을 중심으로 한 실용적인 소수민족 정책을 추진하였다.

중국 정부는 1990년대부터 민족 간 '공동번영'을 강조하면서, 중앙정부 주도 아래 소수민족 지역에 대한 기간 시설 투자를 통하여 산업화를 촉진함으로써 소수민족 지역 스스로 자체적으로 능력을 배양하여 경제적인 낙후 상태에서 벗어날 수 있도록 하는 개발주의 정책을 취하고 있다. 이는 '중앙정부의 적극적인 지원'과 '소수민족의 자력갱생'으로 요약될 수 있다.

　이러한 경제발전 우선 정책의 시행은 정치적인 면에서의 통제를 유지하는 조건이 전제되었다. 이는 새로운 민족정책 시행에도 불구하고 1980년대 말부터 신강위구르자치구 및 서장자치구의 소수민족 문제가 격화된 상황과도 관련이 있는 것으로 보인다.

중국 내 주요 소수민족 문제
- 티베트족, 위구르족, 몽골족

티베트족의 분리 자치 움직임

중국 내 티베트 문제는 최근 신강의 위구르족 문제와 함께 중국 내부 및 국제사회에서 관심을 갖는 중국 내 주요 민족문제의 하나다. 중국으로부터 분리 또는 자치를 원하는 달라이 라마가 이끄는 티베트 망명 정부 측과 이에 반대하는 중국 정부 사이에 갈등이 심화되고 있는데, 문제의 중심에는 티베트족의 역사에 대한 해석 문제가 있다. 티베트의 분리 독립을 지지하는 측은 티베트가 1950년 10월 중국 공산당 인민해방군에 의해 '점령'당할 때까지 한 번도 중국의 영토인 적도 없고,

한족에 의하여 지배를 당한 적도 없다고 주장한다. 반면, 중국 측은 티베트는 역사적으로 원대에 중국의 판도에 들어온 이후 중국 고유영토의 일부였으며, 티베트족은 중국 내 소수민족의 하나일 뿐이라고 하여, 양측 간에 역사 해석과 이에 따른 기본 입장에서 큰 견해 차이를 보이고 있다.

중국 고대 문헌에서 강인羌人의 일족으로 인식되는 티베트족은 7세기 중엽에 송찬간포松贊干布가 티베트 고원 일대를 통일하고 강력한 군사력으로 당나라를 위협하자 당 태종은 문성공주文成公主를 송찬간포 왕에게 시집을 보내어 화친조약을 맺기도 하였다. 이후 서기 13세기에 몽골군이 티베트 전역을 장악하면서 이후 중국 중원 지역까지 통치한 원나라의 통제를 받았다. 이와 관련, 중국 측은 티베트 지역이 중국의 판도에 들어온 역사적 사실이라고 주장하며, 티베트 분리를 지지하는 측은 당시 중원의 한족과 티베트족 모두 고려, 베트남, 러시아 등 주변 국가와 민족 등과 함께, 이민족인 몽골족이 건립한 원나라의 통치를 같이 받았다는 차원에서 오늘날의 중국이 티베트 지역에 대한 역사적 연고권을 주장할 수 없다고 반박한다.

16세기 들어 또 다른 이민족인 만주족이 건립한 청나라에 의하여 중원 지역과 티베트 지역 등이 재차 군사적으로 정복된 것과 관련, 이에 대한 양측 간의 해석상 이견이 또 다시 반복된다. 티베트 분리를 지지하는 측에서는 특히 청나라의 티베트에 대한 통제가 직접 통치가 아니었던 점을 강조하면서 티베트가 당시 조선 등과 같은 독립적인 지위를 가졌다고 주장한다. 이에 대해 중국 측은 몽골족과 만주족 모두 현재 '중화민족'의 일원이며, 중국의 역사 일부를 구성하고 있기에, 원元과 청淸 왕조 모두 중국의 중앙정부로서 이들 정권이 주권을 행사한 티베트는 중국의 고유영토라고 반박한다.

근대에 와서 1912년 청나라가 망하자 티베트는 즉시 독립을 선포하고 외교와 국방에서 자주적인 기구를 운영하기도 하였는데, 1934년 국민당 정부의 특사가 티베트의 중국 복속을 요구하였으나 자주를 내세운 티베트 당국은 이를 거절하였다. 이처럼 1950년 10월 중국 인민해방군이 티베트에 진공 시까지 약 40년간 티베트는 사실상 독립국가와 같은 상황이었다.

1951년 초 중국 인민해방군이 티베트 승려와 귀족들의 봉건적인 수탈과 압제로부터 티베트 인민을 해방한다는 명분으로 티베트 당국의 무력 저항을 완전히 제압하게 되자, 당시 티베트를 실질적으로 통치하였던 달라이 라마 14세는 대표단을 이끌고 북경에 가서 중국 정부와 교섭하게 되었으며, 1951년 5월 소위 '티베트의 평화적 해방에 관한 17개 조항의 합의'에 서명함으로써, 티베트는 공식적으로 역사상 최초로 티베트에 대한 중국의 주장을 인정하였다. 하지만 이 합의에는 "기존의 정치제도를 바꾸지 않고, 달라이 라마의 지위, 직무와 권한을 변경하지 않으며, 티베트인의 종교, 신앙과 풍속, 관습을 존중하고 사원을 보호한다."라고 하여 적어도 티베트인들이 개혁을 원할 때까지 달라이 라마가 티베트를 통치할 권리를 인정하고 있었다.

하지만 중국 내부의 정세 및 민족정책의 변화와 함께 민족 간 모순과 갈등이 심화되면서, 17개 조항의 합의 8년 후인 1959년 3월 티베트 라사에서 반중 반란이 발생하였으나 반란은 즉시 진압되고, 달라이 라마 14세는 그 직후 추종자들을 이끌고 인도로 망명하여 티베트 망명정부를 수립하였다. 인도 북부 다름살라에 소재한 티베트 망명정부는 워싱턴, 제네바 등 해외 7개소에 연락 사무소를 개설하고 국제연합 등 국제기구와 국제사회에 티베트 문제를 호소하고 있으나, 인도[32]를 포함한 어떤 나라로부터도 승인을 받지 못하고 있다.

달라이 라마의 망명 이후 중국 당국은 봉건제와 농노제를 폐지하고 농목지에 집단농장 체제를 도입하는 한편, 티베트의 고유문화에 대하여 급속한 중국화를 시행하면서 1965년 서장 자치구를 설치하였다. 특히 문화대혁명 시기에는 종교 탄압으로 라마교 사원 대다수가 파괴되고 승려도 대폭 감소하면서 현지 티베트인들의 많은 저항과 반발에 직면하였고, 갈등이 증폭되었다. 중국당국은 문화대혁명 시기의 소수민족 정책의 결과와 관련하여, 이를 소위 '4인방四人帮'의 전횡으로 돌리면서 중국 내 대다수 한족도 함께 피해를 보았다고 설명한다. 하지만 이 시기에 결과적으로 민족갈등의 심화와 함께 티베트인에게는 심각한 고유문화의 파괴와 인적 피해가 발생하였다.

문화대혁명이 종료되고 1978년 덩샤오핑이 집권하여 새로운 민족정책을 표방하면서, 티베트 문제 해결을 위하여 달라이 라마 측에 완전한 독립을 제외한 모든 문제를 대화를 통해 해결하자고 제의하고 조사단을 티베트에 파견하도록 요청하기도 하였다. 이에 달라이 라마 측은 1979년부터 이듬해까지 세 차례에 걸쳐 조사단을 파견하여 현지 조사를 하였으나, 중국 당국의 기대와는 달리 티베트의 현실에 대한 평가를 둘러싸고 양측 간의 갈등만 더욱 깊어졌다.

1980년대 이후 중국당국의 티베트 정책은 크게 민족정책과 경제정책으로 나누어 추진되었다. 우선 종교 활동 허용 및 티베트어 사용 활성화를 포함한 티베트 고유문화의 인정, 티베트 현지의 관리를 티베트인으로 교체하는 완화된 민족정책과 함께, 티베트 지역 경제성장을 위하여 일시적인 세금 면제와 보조금 지급, 대대적인 인프라 건설 투자 및 시장가격 이하로 상품가격 인하 등 많은 조치를 취하였다. 하지만 티베트인들의 생활수준 향상을 위한다는 경제정책에 대하여, 티베트 분리주의자들은 이러한 정책이 결국 티베트를 중국에 경제적으로 통합시키려는 것이라고 비판하면서, 경제정책의 혜택 또한 티베트에 진출한 한인들에게 주로 돌아가고 있다고 주장한다.

1980년대 이후 최근까지 상당수의 티베트인들은 반중국 시위를 통하여 민족갈등을 표출하고 있다. 1987년 9월 달라이 라마의 미국 의회 연설에 영향을 받아 시작된 티베트인들의 시위는 1988년 3월, 1989년 3월에 계속 발생하였으며, 마침내 1989년 3월 6일에 1959년 라사 봉기 이후 재차 계엄령이 내려졌다. 또한 1989년 달라이 라마가 노벨 평화상을 수상한 것은 국제사회에 티베트 문제를 각인시키면서 이후 티베트 지역에서 지속적으로 시위를 촉발하는 계기가 되었다. 1997년 4월에는 또 다시 달라이 라마의 미국 의회연설에 자극받아 라사에서 대규모 시위가 발생하였다. 최근에는 북경 올림픽을 앞두고 2008년 3월 10일(1959년 티베트 라사 봉기 기념일)부터 서장자치구 및 사천성, 감숙성 등 티베트족 거주 지역에서 대대적인 시위가 발생하여 다시 국제사회의 주목을 끌고 있다.

1980년대 말 이후 빈발하는 티베트족의 시위를 계기로 중국당국은 계엄령 발동과 무력 진압 등을 통하여 강경하게 대처하는 한편, 티베트 지역의 급속한 경제발전과 티베트의 문화개방을 통하여 티베트 자체를 근대화시킴으로써 궁극적으로 티베트를 변화시키려는 우회적인 정책을 병행 추진하고 있다. 이러한 배경 아래 중국정부가 야심차게 추진한 청장靑藏철로가 2006년 7월 1일 완공되어 북경부터 라사까지 철도로 쉽게 연결이 됨으로써 티베트 지역은 외부 세계와의 물류 및 인적 교류가 더욱 본격화되고 문화개방이 심화되고 있다. 티베트 분리주의자들의 입장에서는 티베트가 중국에 더욱 긴밀히 통합되고 티베트의 고유문화가 희석됨으로써 장기적으로 티베트 분리 독립 운동의 추동력이 약화될 것을 우려하고 있다.

현실적으로 티베트 내부를 변화시켜 중국에 통합하려는 중국당국의 정책이 장기간 지속되면서, 티베트 사회 내부적으로 중국화가 크게 진전되고 있어 티베트인들의 의식도 변화되고 있다. 또한 미국을 비롯한 대다수 나라는 티베트 문제에 대한 관심은 많지만 티베트를 '중국의 일부'로 '인정'하고 있다. 이러한 현실적인 한계 속에서 달라이 라마 측은 중국으로부터의 '독립'보다는 홍콩, 마카오에 대해 적용되는 일국양제一國兩制와 같은 방식으로 티베트인들에 의한 '높은 수준의 자치'와 티베트 전통문화 보존을 원한다는 입장을 천명하고 있다. 하지만 중국당국은 티베트 경제통합 정책의 장기적인 성과와 더불어, 그간 1979년 이후 2008년 5월까지 약 20여 차례에 걸친 비공식 대화(2002년 후진타오 주석 집권 이후 6차례 대화 포함)를 가졌지만[33] 달라이 라마에 대한 신뢰를 갖지 못하면서, 달라이 라마 측의 '자치' 요구를 거부하고 있다. 이처럼 중국정부가 강경한 입장을 취하는 배경은 티베트에 대한 자치 허용 시 신강지역의 위구르족 문제 등 여타 민족문제에 미칠 영향과 함께, 중국 국토의 약 4분의 1에 달하는 티베트족 거주 지역(大西藏)[34]에 대한 통제 약화를 우려하기 때문인 것으로 보인다.

이러한 상황에서 고령의 달라이 라마(1935년생)가 이끄는 티베트 망명정부의 비폭력 평화노선에 불만을 가진 젊은 승려들이나 티베트청년회 같은 급진 단체들은 무장투쟁 등 급진적인 수단을 채택할 가능성이 높아 보이는데[35], 달라이 라마 자신도 서방 언론과의 인터뷰를 통하여 "평화적인 대화를 통해 티베트 자치권을 확보하겠다는 전략은 중국과 물리적 충돌도 불사해야 한다는 급진적인 티베트인 사이에서 신뢰를 잃어가고 있다."고 말했다.[36] 전반적인 정세에 비추어볼 때 티베트 문제는 향후 몇 년이 전환점이 될 것이라는 전망이 우세하다.

신강 지역의 위구르족 분리 독립 움직임

  중국의 서북부에 위치하고 있는 신강新疆위구르자치구는 현재 중국 내에서 티베트 지역과 함께 민족분규가 가장 첨예한 지역의 하나이다. 1991년 소련연방의 해체 이후 독립한 카자흐스탄, 우즈베키스탄, 키르기스스탄, 타지크스탄 등 투르크계 이슬람 민족국가들과 국경을 접하는 신강위구르자치구(면적 약 165만㎢, 한반도의 약 7.5배)는 중국 영토의 약 1/6을 차지하는 중국 내 가장 큰 성省급 행정구역이다. 주로 산과 사막으로 이루어졌지만 사우디아라비아를 능가하는 엄청난 석유 부존양과 천연가스 등 잠재된 자원으로 인하여 경제적 측면에서 중국은 물론 세계의 주목을 받고 있으며, 중앙아시아 4개국 이외에도 몽골, 러시아, 아프가니스탄, 파키스탄 및 인도 등 총 8개국과 국경을 접하고 있는 안보상의 요충지이기도 하다. 역사적으로 위구르족, 카자흐족, 우즈베크족, 키르기즈족 및 타지크족 등 투르크계 이슬람 민족들이 중국 중원정부와 대립과 복속을 거듭하면서 주로 활동하던 공간이었다.

  기원전 59년 한나라가 서역과 교역로를 트기 위해 이 지역을 장악한 흉노를 제압한 후, 서역도호부西域都護府를 설치하고 신강 남부 지역을 지배하게 되어 처음으로 중국 중원왕조의 판도에 들어갔다. 이후 당나라는 안서사진安西四鎭을 설치하여 통제하였다. 13세기에는 몽골족의 원나라에 정복되기도 하였지만, 이 지역의 민족문제가 시작된 것은 만주족이 세운 청나라가 18세기에 이 지역을 군사적으로 정복하여 청나라의 영역에 편입시킨 때부터이다. 이후 20세기 전반기에는 위구르족이 중심이 되어 두 차례나 독립국가인 '동투르키스탄 공화국' 건립을 시도하였고, 이어 1980년대 이후 중국의 개혁개방정책, 중앙아시아 투르크계 민족국가들의 독립과 이슬람 근본주의의 강화 등 내외 여건에 힘입어 소위 '동투르키스탄' 건국을 통해 중국에서 독립하려는 위구르족 분리주의자들과 중국 정부 간 민족문제의 갈등이 이어지고 있다.

이 지역 민족문제의 근현대사 배경을 보다 구체적으로 살펴보면, 13세기 칭기즈칸에 의해 정복당하여 몽골족의 통치를 받다가 몽골족이 물러간 1397년 이후 독립적인 상황을 유지하던 이 지역은 1755년 청에 정복되어 1862년까지 청의 지배를 받다가, 1863년에는 청을 물리치고 1864년에 독립 왕국을 세워 오토만(오스만) 제국, 제정 러시아 및 영국의 승인을 얻기도 하였다. 그러나 러시아의 이 지역 진출을 경계한 영국의 지원을 받은 청이 1876년 재차 이 지역을 점령하고 1884년 청의 건륭제에 의해 '새로운 영토' 또는 '새로운 변경邊境'을 의미하는 신강성新疆省이란 명칭으로 중국의 행정구역에 편입되었다. 하지만 지리적으로 멀리 떨어져 있어 중앙정부의 실효적 지배는 어려워, 현지의 독립적인 한족 군벌의 지배를 받는 과정에서 민족차별이 심해지자 역사적, 종교적, 문화적으로 이질적인 위구르족은 점차 민족의식이 성장하였다. 1933년 신강 남서부의 카슈카르(喀什)에서 '동투르키스탄37) 이슬람 공화국(East Turkistan Islamic Republic)' 건국을 선포하였으나 3개월 만에 좌절되었으며, 이어 1944년 11월 12일 이리(伊犁) 지역에서 위구르인이 주축이 되어 봉기를 일으켜 재차 '동투르키스탄 인민공화국(East Turkistan People's Republic)'을 건립하고 약 6년간 독립적인 정권을 운영하였다. 이후 1949년 8월 동투르키스탄 공화국의 지도자 5명이 중국 정부의 초청으로 북경에 가던 중 의문의 항공기 추락사고로 사망하였고, 2개월 후인 1949년 10월 중국 인민해방군이 신강 지역에 진주를 하면서 중국 중앙정부의 실질적인 통제에 들어갔으며, 7년 후인 1955년 10월 1일에 신강위구르자치구가 설치되었다.

인종적으로 투르크계이면서 종교적으로 이슬람교를 신봉하며, 언어도 주류 민족인 한족과 다른 위구르족은 중화인민공화국 수립 초기에는 자신들의 생산 활동 기반인 토지가 한족의 대규모 이주로 잠식되는 것에 경계하면서, 중국당국의 사회주의화 정책 집행과정 속에서 이슬람문화를 수호하는 차원에서 주로 시위 등을 통하여 집단적인 의사 표출을 하였다.[38] 대표적으로 1962년 5월 신강 북서부의 이녕(伊寧) 지역에서 현지 소수민족이 한족의 대규모 이주 등에 반발하여 폭동을 벌인 소위 '이탑(伊塔) 사건'이 발생하여 수십만 명의 소수민족이 대거 소련으로 월경 도피하였으며, 이들은 소련 내에서 소위 '동투르키스탄 민족해방 위원회'를 결성하기도 하였다.

1991년 소련의 붕괴 이후에는 인접한 중앙아시아의 다른 투르크계 이슬람 민족들이 중국 내 위구르족을 제외하고 모두 민족국가를 건립하면서 더욱 자극을 받아 집단 시위 등을 통한 의사표출은 물론 더 나아가 테러와 무장투쟁 등[39]을 통하여 중국으로부터의 분리 독립 운동을 진행하고 있다. 1996년 5월 신강 남서부 카슈카르(喀什)에서 위구르인 출신 신강정치협상회의 부주석이 같은 위구르인에게 테러를 당하였으며, 1997년 2월에는 이녕에서 대규모 민족폭동이 발생하기도 하였다.

　최근 신강 지역의 위구르족 문제는 민족 분리주의자들이 테러와 무장투쟁이라는 과격한 방식을 통하여 '동투르키스탄'이라는 명칭의 독립된 민족국가를 건설하려고 하고 이에 대하여 중국당국도 더욱 강경하게 대응함으로써 갈등이 심화되는 측면이 있다. 2005년 9월 '동투르키스탄 해방조직(East Turkistan Liberation Organization, ETLO)'은 성명을 통하여 전 세계 위구르족에 대하여 2005년 10월 1일 개최되는 신장위구르자치구 성립 50주년 기념활동을 저지할 것을 호소하고 모든 수단을 동원해 중국 정부에 대한 무장전쟁을 발동할 것이라고 선언하였다.[40] 최근 신강의 분리주의자들은 신강 지역 내에 비밀 군사기지를 설치하고 독자적인 무기 보급능력을 갖춘 상태에서 조직적인 테러와 무장투쟁을 진행하는 것으로 보인다.[41] 2007년 1월 8일 신강위구르자치구 공안청 대변인은 "신장위구르 남부 파미르 고원 인근에 있는 '동투르키스탄 이슬람 해방조직(the East Turkestan Islamic Movement, ETIM)'의 기지를 궤멸시키고, 이 과정에서 테러리스트 혐의자 18명을 사살하고 17명을 체포하였으며, 이 과정에서 수제 소형폭탄 20여 점과 제조 중이던 수류탄 1,500개를 수거했는데, 이는 1998년 4월 신장위구르자치구 이닝 일대에서 공안과 ETIM 측이 10여 차례 총격전을 벌인 이후 9년여 만에 가장 큰 진압작전"이라고 발표하였다. 중국 관영 「차이나데일리(China Daily)」는 "2002년 8월 유엔에 의해 테러조직의 하나로 지목된 ETIM의 골수분자들이 파미르 고원 산악지대로 잠입해 테러활동 훈련 기지를 만들었으며, 최소 1,000명의 ETIM 소속원들이 '알 카에다'의 지원을 받았다."고 주장했다.[42]

이처럼 무력투쟁을 전개하는 위구르족 민족운동에 대하여, 중국 정부는 "신강의 안정이 없으면, 중국의 안정도 없다."라는 인식하에 역시 강력한 대응을 하고 있는데, 이들의 분리 독립 움직임을 방치할 경우 티베트, 대만 등의 독립 움직임을 부추길 수 있는 데다, 일부 강경세력의 활동으로 2008년 베이징 올림픽 개최도 영향을 받을 수 있다는 전략적 판단으로 보인다. 실제로 2008년 3월 7일에는 신강의 우루무치에서 출발한 중국 민항기가 테러위협을 당하였다는 중국당국의 공식발표가 있었으며, 그 이전인 2008년 1월에는 우루무치에서 북경 올림픽을 겨냥한 테러조직을 검거하였다고 발표하였다.[43]

중국정부는 위와 같은 강경대응과 함께 국내적으로는 서부 대개발 같은 대규모 경제개발 및 지원정책을 통하여 이 지역에 대한 경제적 통합과 주민들의 경제수준 향상을 도모하는 한편, 국제적으로 중앙아시아 국가들과 러시아 등 인접한 관련 국가들을 규합한 '상하이협력기구(Shanghai Cooperation Organization)'를 설립하여 이른바 '반테러 협력'이라는 명분으로 회원국 간 합동 군사훈련까지 하면서 이 지역의 민족분리 움직임에 대한 대응하고 있다. 특히 2001년 9·11 사건 이후에는 이슬람계 테러에 대하여 강력히 대응중인 미국, 그리고 국내적으로 이슬람계 민족인 체첸의 분리 독립 문제로 고민하는 러시아 등 강대국 등과 함께 중국정부는 위구르족의 분리 독립 운동에 대하여 반反테러 차원에서 효과적인 국제공조를 진행하고 있다고 보는 견해도 많다.

불교 신자가 많아 비폭력 독립운동을 하는 티베트와는 달리 신강 지역 위구르족의 분리 독립 움직임은 외부 이슬람 세력의 도움을 쉽게 받을 수 있어 통제가 쉽지 않을 것으로 보인다. 하지만 티베트 문제와는 달리, 위구르족의 분리 독립 운동에는 달라이 라마처럼 카리스마를 갖춘 지도자가 없으며, 민족운동 단체도 여러 지역에 난립하고 있는 상황44)이다.

내몽고자치주의 몽골족 민족문제

몽골족45)은 중국 내에서 민족구역자치를 최초로 실시한 소수민족으로 중국 최초로 1947년 5월 1일 내몽고자치구內蒙古自治區가 성립되었다.46) 중화인민공화국이 1949년 10월 1일 정식 성립되기 2년 5개월 전에 몽골족의 민족자치구부터 먼저 설치된 배경에는 중국의 국내 민족문제가 근대 몽골족의 민족

독립 운동과 깊은 연관이 있기 때문이다.

몽골족은 역사적으로 크게 외몽골 지역(현재의 몽골리아)과 내몽골 지역(현재의 내몽고자치구)에 나누어 거주하여 왔는데, 1912년 청나라가 망하면서 외몽골인들은 독립을 선포하였다. 몽골인은 한족과 함께 청에 복속되었지만 한족과는 주종관계가 없었으며, 청의 멸망으로 함께 해방되었기에 각자 독립하여 주권국가가 될 수 있다는 논거를 들었다. 1917년 러시아 혁명을 계기로 중국은 외몽골 회복을 시도하였지만, 이후 등장한 소련의 지원으로 1924년 외몽골에서 몽골인민공화국이 선포되었다. 이후 1945년 중소간의 동의로 국민투표를 통해 독립이 재확인되었고, 중국 공산당 정부도 1949년 외몽골의 독립을 인정하였다.

하지만 내몽골인들은 1912년 청 멸망 이후 약 40년간 국민당 정부와 지방군벌에 맞서서 자결권 쟁취를 위해 투쟁하였지만, 결과적으로 하나의 독립국가로 중국으로부터 분리되지는 못하고 중국의 자치행정구역으로 머물렀다. 중국 공산당은 1920년대에는 내몽골인의 '민족자결'과 '독립'을 인정하였으나[47), 1930년대 일본이 내몽골 지역의 몽골인의 독립의식을 이용하여 일본 괴뢰정부(1936년 몽골독립정부, 1937년 몽골연맹자치정부 등)를 건립하자, 1937년 중국 공산당은 일본에 이용당할 수 있는 '민족독립'을 더 이상 선전하지 않고 대신 '민족자치' 원칙에 따른 연합 항일투쟁을 주장하였다. 한편 내몽골인들은 1933년 칭기즈칸의 31대손인 덕왕(德王, 1902~1972)의 지도로 몽골부족 대표가 모여 자치회의를 열어 내몽골의 자치 독립운동을 시작하였으며, 내몽골 독립파는 외몽골과의 통일을 추진하였으나, 내몽골을 중국과의 완충지대로 삼으려는 소련의 반대로 실패하였다. 이후 1947년 중국이 내전에 빠진 상황에서 내몽골인들은 덕왕의 지도하에 몽골인민대표대회의 명의로 국민당 정부 측에 몽골자치정부의 성립을 통보하였으나, 중국 공산당이 몽골인 공산주의자 우란부(烏蘭夫, Ulanhuu)를 내세워 '민족자치' 명분으로 일단 1947년 5월 중국 공산당이 인정하는 최초의 민족 자치구역인 내몽고자치정부의 설립을 선포하였다. 이후 중국 공산당은 1949년 12월 정치협상회의, 전국인민대표대회 또는 몽골족인민대표대회 등 어느 과정도 거치지 않고 '내몽고자치정부'를 '내몽고자치구'로 개칭하고, 사회주의화와 중국화를 진행하였다.

이처럼 중국 공산당이 내·외몽골인의 민족운동에 대하여 다른 입장을 보인 것은, 내·외몽골의 지정학적 차이와 함께 소련과의 국제적인 관계 그리고 항일 투쟁과정에서의 정세 등이 복합적으로 작용한 것으로 보인다.

중화인민공화국 성립 이후 중국당국의 민족정책 변화에 따라 내몽고 지역을 중심으로 하는 몽골인 민족운동도 많은 우여곡절을 겪고 있다. 중국 내에서 민족갈등이 고조되던 1962년에 내몽골 지닝(集寧)시에서 중국 공산당의 민족정책에 반대하고 내몽골과 외몽골 통합의 구체적인 정책과 수단을 제시하는 시위가 발생하였는데 이를 '206 사건'이라고 부른다. 1966년부터 10년간 진행된 문화대혁명 시기에는 다른 소수민족과 마찬가지로 몽골족도 심각한 피해를 받았다. 중국 측 관방자료에 의하면, 1968년 중반부터 1969년 5월까지 "'신내몽고인민혁명당新內蒙古人民革命黨'을 색출하자(挖新內人黨)."라는 구호 아래 '내몽고인민혁명당'에 관련되었다는 이유로 50만 명 이상을 투옥하고 16,000명을 사지로 몰았다고 한다.[48] 또한 문화대혁명 기간 중 인적인 피해 외에도, 몽골족의 역사 자료 등 각종 문헌과 유물, 불교사원 등 민족 유산 등이 파괴됨으로써 몽골인들의 반감도 더욱 깊어진 것으로 보인다.

문화대혁명이 종료되고 1978년 덩샤오핑이 집권하면서 중국당국의 민족정책도 다시 유화적으로 변화하여 민족고유문화를 인정하고, 민족간부를 충원하면서 민족구역자치제도도 다시 시행되었지만, 일부 몽골 민족주의자들은 민족운동을 지속하였다. 1981년 여름, 한족을 내몽고에 이주시키기로 정한 공산당 중앙위원회 문건 28호에 반대하는 대규모 학생시위가 발생하여 내몽고를 중심으로 대규모 학생시위가 3개월간 지속되었다. 1991년 5월 내몽고자치구에서 몽골민족의 부활과 통일을 지향하는 '이극소맹伊克昭盟 민족문화학회'와 '현대민족협회'라는 두 개의 조직이 적발되어 지도자가 투옥되었으며, 이 사건에 대해 '내몽고 보위인권동맹內蒙古保衛人權同盟'이란 조직은 호소문을 살포하여 중국의 민족정책을 비판하면서 1968년 연말부터 1969년 5월까지 내몽고인민혁명당 운동으로 40만 명이 반혁명죄로 투옥되었고 5만 명이 죽었으며 약

200만 명의 관련자가 피해를 입었다고 주장하였다.[49] 1994년 3월에는 민주적이고 공개적인 내몽고 정부 지도자 선거, 방송 출판의 자유, 몽골인을 차별하는 헌법조항 수정 및 민족평등을 요구하는 포스터가 붙었다.[50] 1995년 12월에는 몽골인의 종교, 문화, 경제, 정치 권리를 위한 시위를 주도한 '남몽골 민주연맹'이란 조직이 적발되었으며, 1997년 3월에는 내몽고 독립을 목표로 하는 '내몽골 인민당(약칭 내인당內人黨)'이 1969년 '내인당' 사건의 재조사와 책임자 처벌 및 피해자에 대한 사과와 배상을 요구하였다.[51]

내몽고의 민족운동은 해외에서도 진행되고 있는데, '내몽골 인권수호 연맹(the Inner Mongolian League for the Defence of Human Rights)' 본부를 독일에 설치하고 유럽 각지 및 미국 등에 지부를 설치하여 내몽골인의 인권과 독립을 목표로 활동 중이다. 1997년 3월에는 미국 뉴욕에서 세계 각지의 몽골인 대표들이 모여 '내몽골 인민당(the Inner Mongolian People's Party)'을 결성하여 내몽골의 자유와 주권 쟁취를 선언하였다.[52] 또한 몽골의 야당 몽골민주연맹은 1990년 초에 내외 몽골과 러시아의 부리야트 자치공화국으로 크게 나누어져 있는 몽골족의 통일시기가 도래하였다고 선전하기도 하였다.[53]

중국 내 조선족

오늘날의 중국 내 조선족은 19세기 중엽부터 제2차 세계대전 종전 시까지 경제적 어려움 및 정치적 이유 등 여러 가지 원인으로 한반도에서 중국 동북 지역으로 이주한 한韓민족과 그 후예들이다. 오늘날 중국 내 거주하는 조선족의 본격적인 역사는 1869년 기사년己巳年 자연재난 이후 당시 조선 왕조의 적지 않은 백성이 기근을 피하여 만주 지역으로 대거 이주하면서 시작되었다고 볼 수 있다. 당시 3년간에 걸쳐 조선에서 건너간 조선 백성은 함경북도 주민 약 26,000명을 포함하여 약 6만 명이었다. 이후 1910년 경술국치를 계기로 나라를 잃은 조선인들이 만주 일대로 지속적으로 대거 유입되어 각지에 정착하여 오늘날 조선족의 주류를 형성하였다.

조선족 인구는 2000년 현재 192만 3,842명이며 중국 내 55개 소수민족 중 인구 규모로 13번째로 크다.(2000년 중국 인구 조사통계) 조선족이 가장 많이 분포하는 지역은 길림성이며 중국 내 조선족 전체 인구의 약 60%인 114만 5,688명이 거주한다. 조선족은 길림성내에 연변延邊 조선족 자치주와 장백長白 조선족 자치현의 두 개 민족자치구역을 갖고 있다.

조선족은 중국 내 55개 소수민족 가운데 교육열이 가장 높은 민족의 하나이며(2000년 현재 중국 내 한족을 포함한 56개 민족 중 15세 이상 인구의 평균 문맹률이 2.8%로서, 1.8%인 타타르족에 이어 두 번째로 낮다), 사회발전 단계상 이미 1949년 이전에 중국 내에서 한족, 만주족 등과 더불어 가장 앞서 있었다. 아울러 1920년대 이후 치열한 항일투쟁을 하였으며 1945년부터 1949년까지의 국공내전 기간 중 공산당에 적극 협조함으로써 중화인민공화국 건국에 적지 않게 기여[54]했다는 자부심을 갖고 있다. 또한 중화인민공화국 건국 이후에는 연변 조선족 자치주 등 동북 지역 각지의 조선족 거주지에 모여 살면서 높은 민족적 자부심과 민족의식을 갖고 한국어와 한글 그리고 민족 전통문화를 잘 보존하면서 민족 공동체를 잘 유지하여 왔다.

하지만 농업 중심의 지역공동체를 통해 민족정체성을 함께 잘 유지하여 오던 조선족 사회는 1978년 중국정부의 개혁개방 정책 채택 이후 연해沿海 지역 중심으로 전개되는 산업화와 현대화의 시대적 추세를 따라가기 어려운 지리적인 여건 속에 놓여 있다가, 1992년 한중 수교와 중국의 본격적인 개혁개방을 계기로 조선족들은 원래의 전통적인 거주지와 과거 농업 중심의 생산 활동 영역을 벗어나 중국의 각지 각계로 진출하면서 또 다른 도약을 하고 있다.

오늘날 중국 내 조선족은 시대의 변화와 함께 민족공동체 유지, 발전에 어려움이 더해지고 있다. 즉, 한국 및 중국 내 경제발전 지역 등으로 결혼 또는 취업 이주에 따른 인구증가의 정체와 출산율 저하, 급속히 확산되는 세대 간 민족교육의 단절 현상 등으로 인하여 젊은 세대의 민족정체성 약화와 중국의 공용어인 한어漢語가 민족 언어인 한국어를 대체하는 상황 등은 조선족 공동체의 앞날과 관련하여 관심을 두어야 할 주요 요소들이다.

또한 주변 인접국가에 같은 동포가 다수 거주하는 중국 내 34개 과계민족跨界民族 가운데 조선족은 민족의식이 강한 조국祖國인 남북한과 접경하고 있으며, 특히 중국보다 앞서 공업화와 선진화를 이루고 1992년 한중 수교 이후 중국과 활발한 교류를 통하여 경제 및 문화 등 각계에서 급속히 영향력이 커지고 있는 한국과 조선족 사회가 긴밀한 관계를 맺고 있는 현상은, 전체 소수민족 사회의 안정과 이를 통한 국가통합을 국정목표로 삼고 있는 중국정부의 입장에서 주목을 받고 있다고 말할 수 있다.

주

1) 중국 역사에서 1870년대 이전에 현대적 의미의 '민족民族'이
란 어휘는 없었다. 다만 중국 최초의 통일국가였던 진秦대
이전에 서로 다른 민족에 대하여 족류族類 구분이 존재하였
다. 『상서尚書』의 효전堯典에 "帝曰 吁佛哉, 方命圯族"이
라고 하면서 해석에 "族, 類也"라고 하였다.

2) 중국 내에서 사용하는 '중국민족中國民族'이란 중국의 주체
민족인 한족과 중국 내에 존재하는 각 소수민족을 포함하는
종합적인 개념을 의미하나, '중화민족中華民族'은 사회주의
체제 중국의 영토 내에 존재하고 있는 한족과 소수민족뿐만
아니라 과거 중국강역中國疆域 내에 살아 왔던 모든 민족 집
단까지 포함하는 종합적인 개념을 의미한다.(조정남, 『중국의
민족문제』, 교양사, 1988, 35쪽 참조.)

3) 이경한, 「중국의 소수민족정책에 관한 연구」, 성균관대학교
석사학위 논문, 2004, 13~14쪽 참조.

4) 1949년 중화인민공화국 성립 이전에 중국 내 소수민족 지역
의 사회경제 상황은 매우 복잡하였으며, 각 민족의 사회경제
발전 단계는 불균형적이었다. 이들 소수민족 사회경제 상황
은 크게 봉건지주 경제사회 단계, 봉건노예제 경제사회 단계,
노예제 경제사회 단계 및 원시공동체 경제사회 단계 등 4가
지 형태로 나누어 볼 수 있다. 먼저 봉건지주 경제사회 단계
에 속하였던 민족은 장족壯族, 회족, 위구르족, 조선족, 만주
족, 부이족, 바이족, 투쟈족, 뚱족, 묘족 등 30여개 민족과 몽
골족, 이족, 리족 등 민족의 대부분 지역과 티베트족(藏族)의
일부분 사회이며, 약 3천만 명이 해당되었다. 둘째, 봉건노예
제 경제사회 단계에 속하였던 민족은 티베트족, 따이족, 하니
족 등과 내몽고의 일부 지역 거주 민족이며, 약 4백만 명이
있었다. 셋째, 노예제 경제사회 단계에 해당하는 민족은 사천
성과 운남성 대소양산大小凉山의 이족彝族 지역으로서, 약
100만 명이 있었다. 넷째, 20세기 전반기까지 원시공동체 경
제사회 단계의 잔재가 남아 있던 민족은 운남성 변경 지역에
분포하는 두룽족, 누족, 리수족, 징퍼족, 와족, 부랑족, 지노

족 및 내몽고 지역의 오로첸족, 어윈커족 그리고 흑룡강 지역의 허저족, 해남도 지역의 부분적인 리족黎族과 대만 지역의 부분적인 고산족 등으로 약 60만 명이 있었다.

5) 중국의 서북 지역 및 서남 지역은 역사적으로 아래와 같은 세 개의 국제통로였다. ① 비단길(絲綢之路) : 중국 중원 지역 특히 장안長安에서 하서주랑河西走廊과 신강新疆 지역을 거쳐 파미르 고원을 넘은 후 중앙아시아, 중동 및 지중해로 이어지는 옛 길 ② 차마고도茶馬古道 : 운남성, 사천성, 티베트 지역과 인도를 연결하는 옛 길 ③ 당번고도唐蕃古道 : 일명 '사향 길(麝香之路)'로 부르며, 과거 귀중한 약재였던 사향이 운송되는 길로서, 중원 지역에서 티베트, 네팔을 거쳐 인도로 이어지는 옛 길

6) 소수민족 지역 내 이용 가능한 초지草地는 약 2억 헥타르로 중국 전체의 99%이며, 삼림면적은 5,600만 헥타르로 중국 전체의 약 40%에 해당되고, 임목 축적량은 52억 ㎥로 중국 전체의 약 42%를 차지한다. 또한 수력자원 온축량은 약 4억 와트가 넘어 중국 전체의 절반 이상을 점한다. 양자강, 황하, 흑룡강, 타림하(塔里木河), 난창강瀾滄江 등 주요하천은 소수민족 지역에서 발원하거나 경유한다. 또한 청해호靑海湖, 나포박羅布泊, 호륜패이호呼倫貝爾湖, 양탁옹호羊卓雍湖, 납목호納木湖 및 이해洱海 등은 모두 소수민족 지역에 있다. 광산자원의 매장량은 풍부하고, 품종이 다양하며 품질이 높다. 철광석은 약 56억 톤, 석탄 2,540.86억 톤, 석유 8.37억 배럴이고, 비철금속 매장량도 매우 풍부하다.

7) 소수민족 지역 내에서 구석기, 신석기 시대 유적지를 비롯하여 고인류 화석 등이 발견되었으며, 역사적인 유적지와 뛰어난 자연경관 지역 등이 많다. 예를 들어, 티베트의 히말라야산, 운남성 서산용문西山龍門, 전지滇池, 석림石林, 귀주성의 황과수黃果樹 폭포, 해남성의 녹회두鹿回頭, 천애해각天涯海角, 내몽고자치구의 몽골 대초원, 광서장족자치구의 계림桂林, 양삭陽朔의 산수 등 수많은 명승지가 있다.

8) 郭大烈, 董建中 편집, 『中華民族知識通覽』, 云南教育出版社, 2000, pp.273~299 참조.

9) 중국의 삼자三自 정책은 첫째, '자전自傳'으로서 외부의 도움

없이 스스로 전도한다는 것이고, 둘째, '자판自辦'으로서 외부의 간섭 없이 스스로 종교 관련 조직을 운영하고 관련된 업무를 처리한다는 것이며, 셋째, '자양自養'으로서 외부의 지원 없이 스스로 종교를 육성해나간다는 것이다. 이에 따라 예를 들어 중국의 천주교 조직은 공식적으로 교황청의 통제를 받지 않고 독자적으로 운영되고 있다.

10) 중국 내 소수민족이 숭배하는 귀신의 숫자는 매우 많은데, 운남성 여강麗江의 동파東巴문화연구소 조사통계에 의하면, 각종 신령스런 숭배대상과 귀신의 숫자가 약 2,400여 개에 달한다. 하지만 각 민족의 생산방식과 생존환경 및 생활조건 등이 각기 다르기에, 그 숭배하는 대상에도 일정한 차이가 존재한다.

11) 바이족의 관념에 따르면, 본주本主는 마을의 수호신으로서 그 지역을 관장하며 마을 주민의 생사와 길흉화복을 좌우한다. 또한 국가를 수호하고 백성을 도우며, 바람과 비 등 날씨를 조정하여 가축을 흥하게 하고 곡물이 풍성하게 자라도록 하는 능력을 갖고 있다. 바이족 지역에서는 모든 큰 마을에는 거의 모두 본주묘本主廟를 건립하고 묘 내에 흙으로 만들거나 또는 나무로 조각한 본주신의 신상을 모셔 놓고 있다.

12) 일부 자료에 의하면, 1949년 중화인민공화국 성립 이전에 중국 대륙에는 라마교 사원이 약 5천 개소가 있었고, 라마교 승려는 40여만 명으로, 라마교를 믿는 각 민족 인구의 약 10% 이상을 차지하였으며, 특히 티베트 지역에서는 각 사찰의 라마 승려가 전체 인구가 약 30%에 달하였다.

13) 티베트어로 '라마喇嘛'는 '덕망과 도력이 높은 승려(上師)'를 의미하는데, 원래 티베트족은 일반 승려를 '찰파扎巴'라고 하였으며 고승高僧에 대해서만 '라마'라고 불렀다. 하지만 후대에는 '찰파'에 대해서도 존칭하여 '라마'라고 불렀으며, 이에 따라 티베트 불교를 '라마교喇嘛教'라고 부르게 되었다.

14) 기독교 일파인 네스토리우스파의 경교景教가 기독교 가운데 최초로 중국 지역에 전래되었는데, 서기 431년 로마 제국의 종교회의인 에베소 공의회에서 이단정죄를 받고 추방당한 네스토리우스의 제자들은 동로마 제국에 인접한 강국인 페르시아에서 세력을 확장하고 상거래를 배워 중앙아시아의

사막 실크로드를 거쳐 마침내 서기 635년 당태종의 환대를 받으며 중국에 입성하였다. 중국 내 네스토리우스파는 '빛나는 종교'라는 뜻으로 지은 '경교景敎'의 이름 아래 기독교 전도 활동을 하였다. 현재 중국 서안西安의 비림碑林 박물관에 있는 '대진경교유행중국비大秦景敎流中國碑'에는 당시 중국 내 경교의 역사를 그대로 담고 있다. 서기 12~13세기 초에는 몽골 고원 일대의 몽골족 사회에 경교가 전파되면서, 몽골족 상층부에서 적지 않은 사람들이 경교를 믿었으며 여러 부족들이 경교를 믿었다. 감숙성 돈황의 막고굴(16~17호)에서 발견된 경교와 관련된 문서를 포함하여, 중국 내 경교 관련 자료가 서기 1401년까지만 존재한 것에 비추어 볼 때, 그 이후 경교는 소멸된 것으로 보인다.

15) 수유차酥油茶를 만드는 방식은 벽돌 모양으로 굳힌 찻잎 덩어리를 끓여 매우 진한 찻물을 만든 후, 이를 길이 1m, 직경 약 10cm의 나무통에 넣고, 식염과 수유酥油 등을 넣고, 막대기로 저어 물과 기름을 잘 섞으면 된다.

16) 중국 전국戰國시대의 조趙 무령왕武靈王은 전투의 편의성을 위하여 한족으로서는 처음으로 당시 서북방 지역의 소수민족 복식을 차용하여 입기 시작하였다는 '호복기사胡服騎射'의 기록(사마천의 史記)과 북제北齊시기에 '중국의관 전용호복中國衣冠 全用胡服'의 기록은 소수민족의 복식이 중국 한족의 복식에 영향을 주었다는 사실을 증명하고 있다. 청대에 만주족 부녀자의 복장이었던 '치파오(旗袍)'는 한족에 전래되어 오늘날 중국의 전통적인 복식으로 애용되고 있다. 또한 한족의 복식은, 문화의 다른 분야와 마찬가지로, 소수민족의 복식에 많은 영향을 주었다.

17) 박춘순·조우현, 『중국 소수민족 복식』, 민속원, 2002, 235~240쪽 참조.

18) '아하阿夏'는 과거에 '아주阿注'라고 불렀는데, 아하(阿夏, 아샤)는 마사인의 언어로 '남녀 양성이 결합하여 친밀해진 사랑의 반려자'라는 의미이며, 아주에는 이러한 의미가 없다. 아하혼 제도에서는 생부生父와 자녀 간에는 하나의 가정생활이 존재하지 않는다. 이를 주방혼走訪婚이라고 부르기도 한다. 가정에서는 외삼촌의 지위가 높기는 하지만 여성이 가

정의 권력을 장악하고 있다. 아하혼은 애정을 기초로 성립하고 애정이 식으면 곧바로 헤어진다. 하지만 기본적으로는 안정적이며, 군혼群婚의 형태도 아니다. 아하혼阿夏婚을 바탕으로 성립된 모계 가정은 모든 가족 구성원이 동일한 시조모始祖母의 후손이며, 혼인의 모순이 없고 또한 혼인으로 인한 각종 사회모순도 발생하지 않기에 가정 관계와 사회관계가 잘 어울린다.

19) 郭大烈·董建中 편집『中華民族知識通覽』, 云南敎育出版社, 2000, p.255 참조.

20) 중국 내 소수민족의 문자 사용실태에 관해서는 중국 내 학자들 간에도 의견이 다른데, 예를 들어, 歐陽覺亞는 '20개 민족 30종 문자'라고 기술하였고("中國少數民族語言使用情況綜述",『歐陽覺亞, 中國少數民族語言使用情況』, 中國藏學出版社, 1994, pp.1~15.), 戴慶厦 등은 '24개 민족 33종 문자'를 주장하였다(戴慶厦 外,『中國少數民族語言文字應用硏究』, 云南民族出版社, 1999). 본서는 중국 내 최근의 연구성과가 반영된 郭大烈·董建中의 견해(『中華民族知識通覽』, p.255참조)를 채택하여, '26개 민족(한족 제외) 39종 문자'로 기술하였다.

21) 앞의 책『中華民族知識通覽』, p.256

22) 孫中山,『孫中山全集』, 人民出版社, 1981, p.591.

23) 孫中山,『建國大綱 : 孫中山遺墨』, 人民美術出版社, 1956.

24) "中國國民黨第一次全國代表大會宣言"(『民族問題文獻匯編』, 中共中央黨校出版社, 1991, p.26.)

25) 장제스(蔣介石)는 1943년 저술한『中國之命運』에서 '국족동원론國族同源論' 개념을 제시하였다.

26) 다만 1922년 7월 제2차 공산당 전당대회 선언문에서 "몽고, 티베트, 신강 등 세 지역에 대한 민족자치를 승인하여, 연방제 원칙 아래에서 이들 지역을 다시 중화민국 내로 통일한다."고 선언적 입장만을 천명하였다.

27) 1931년 11월 제1차 전국 소비에트 대회에서 채택한 '헌법대강憲法大綱' 제14조에서 "중국 소비에트 정권은 중국 내 소수민족의 자결권을 인정하며 각 약소민족이 중국에서 벗어나 스스로 독립 국가를 건립할 수 있는 권리를 승인하며, 중

국 지역 내 거주하는 모든 민족은 중국 소비에트 연방에 가입 또는 탈퇴하거나 스스로의 자치구역을 설립할 수 있는 완전한 자결권을 가진다."라고 선언하였다.

28) 예를 들어, 동북 지역의 조선족 지역은 1946년부터 공산당이 실질적으로 접수하여 이미 사회주의 개혁을 시작한 반면, 티베트 지역은 티베트 주민들의 거센 저항을 무력을 앞세워 진압하고 기본적인 치안 확보에 부심하는 경우도 있었다.

29) 1949년의 '공동강령'에서는 "각 소수민족 집거지구는 민족구역자치를 실시하며, 민족 집거의 인구와 지역의 크기에 따라 각종 민족구역 자치기관을 건립한다."라고 규정하였다. 이어 1952년 '중화인민공화국 민족구역자치 실시요강'에서 "각 민족 자치구는 중화인민공화국의 불가분한 일부분이며, 각 민족 자치구의 인민관리는 본래 민족 내부 사무이다." 라고 규정하였다. 1954년 헌법에서는 민족구역자치제도를 국가의 근본법으로 규정하였으며, 민족자치구역을 자치구自治區, 자치주自治州 및 자치현自治縣의 3단계로 구분하고 같은 급의 일반 국가기관의 직권을 부여하는 동시에 자치권을 행사하도록 하였다.

30) 개혁시기에 서장西藏자치구의 경우, 중앙정부는 세금 징수 및 감면권 등을 서장 지방정부에 위임하였으며, 전국에서 세금의 종류가 가장 적고 세수 전액을 지방에 유보하는 조치를 취하였다.

31) 이에 따라 1982년부터 1990년까지 한족이 연 평균 1.10%의 인구 증가율을 보인 반면, 동 기간에 55개 소수민족은 연 평균 3.59%의 높은 인구 증가율을 보였다. 1982년 중국 전체인구에서 소수민족 인구의 비중이 6.62%였으나, 1990년에는 8.01%로 증가하고, 2000년에는 8.41%로 더욱 증가하였다.

32) 인도는 1954년 중국정부와 티베트에 관한 정부간 협정을 체결하면서 티베트가 중국의 일부라고 승인하였다.

33) 'CBS 노컷뉴스' 2008년 4월 8일자 인터넷 기사 참조 (http://www.cbs.co.kr/nocut/show.asp?idx=813122)

34) 중국 내 티베트족 인구는 2000년 현재 541만 6,021명이며 중국 내 소수민족 가운데 인구규모가 9번째로 크다.(2000년 중국 인구조사 통계) 티베트족의 주요 분포지인 서장西藏자치구

에 중국 내 티베트족 전체 인구의 약 45%인 242만 7,168명이 거주하는데, 이는 서장자치구 전체 인구 261만 6,329명의 약 93%를 차지한다.(한족은 15만 8,570명으로 약 6%). 이외에 사천성(126만 9,120명), 청해성(108만 6,592명), 감숙성(44만 3,228명) 및 운남성(12만 8,462명) 순으로 다수 분포하고 있다. 중국은 서장자치구(면적 122.84만 ㎢)를 줄여서 서장西藏이라고 부르지만, 티베트인들은 이를 '소서장小西藏'이라고 하며, 서장자치구를 포함하여 청해성 전부, 감숙성 남부, 사천성 서부, 운남성 서북부와 신강위구르자치구 남부 등 티베트족이 역사적으로 다수 분포하고 있는 청장고원靑藏高原 일대 전체를 포함하는 지역을 '대서장(大西藏, 면적은 중국 전체의 약 4분의 1인 약 250만 ㎢)'이라고 부른다.

35) '한겨레 신문' 2006년 9월 5일자 기사 참조(http://www.hani.co.kr/arti/international/asiapacific/160038.html).

36) 'Financial Times' 2008년 5월 26일자 및 '연합뉴스' 2008년 5월 26일자 기사 참조(http://www.yonhapnews.co.kr/international/2008/05/26/0619000000AKR20080526156500009.html).

37) '동투르키스탄'이란 말은 원래 위구르어에 없었으나, 1930년대 신강 지역에서 민족운동이 일어나면서 위구르인들에 의해 중국으로부터의 독립을 지향하는 운동의 심벌로서 생겨났다.(조정남, 『현대중국의 민족정책』, 한국학술정보, 2006, 235쪽에서 인용.)

38) 박병석, 『중화제국의 재건과 해체』, 교문사, 1999, pp.501-503 참조.

39) 박병석, 앞의 책 pp.501-504 참조.

40) 영국 'BBC' 인터넷 홈페이지 중문판 2005년 9월 29일자 및 '헤럴드경제' 2005년 9월 30일자 관련기사 참조.

41) 중국 '환구시보環球時報' 2007년 11월 11일자 기사 참조(http://www.huanqiu.com/www/china/politics/2007-11/22213.html).

42) 'China Daily' 2007년 1월 11일자 기사 참조(http://www.chinadaily.com.cn/china/2007-01/10/content_779111.html).

43) 연합뉴스 2008년 3월 9일자 관련기사 참조.

44) 중국 당국에 따르면, '동투르키스탄 이슬람 운동(ETIM)'과 신

강 독립 망명정부를 자처하는 '동투르키스탄 해방조직 연맹 (the Eastern Turkistan National Center, 터키 소재)', 카자흐스탄에서 활동하는 '위구르족 연합민족혁명전선(UMRF)' 이외에도 '세계 위구르 청년 대표대회', '동투르키스탄 정보센터(독일 소재)' 등 신장 지역의 독립을 요구하는 조직들이 약 50개에 이를 정도로 활동이 활발하다.

45) 전 세계의 몽골족은 약 8백만 명이며, 크게 독립국가인 몽골공화국(소위 '외몽골')에 약 220만 명, 중국 내몽고 자치주를 중심으로 약 580만 명, 그리고 러시아 연방 내 부리야트 공화국에 약 35만 명 등으로 나누어져 있다. 중국 내 몽골족 인구는 2000년 현재 581만 3,947명이며 중국 내 55개 소수민족 가운데 인구규모가 8번째로 크다. 중국 내 몽골족이 가장 많이 분포하는 지역은 내몽고자치구이며 중국 내 몽골족 전체 인구의 약 69%인 399만 5,349명이 거주한다. 하지만 내몽고 자치주의 최대 민족은 1,846만 5,586명의 한족으로서 자치구 전체인구의 약 79%를 차지하고 있다.

46) 몽골족은 내몽고자치주 이외에 청해성, 신강위구르자치구에 3개의 주급州級 몽골족 민족자치구역이 있고, 8개의 현급縣級 몽골족 민족자치구역과 70여 개의 몽골족 민족향民族鄕이 있다.

47) 중국 공산당은 1929년 2월 30일 "내몽골 민족공화국을 수립, 민족자결의 권리를 승인한다."고 입장을 밝혔다. 中共中央統戰部 편집, 「中共中央致內蒙特支的指示信」, 『民族問題文獻匯編』, 中央黨校出版社, 1991, p.91.

48) 「'挖新內人黨'大屠殺」, 『開放雜誌』 60, 1991년 12월, pp. 20~21.

49) 中共內蒙古黨委辦公廳, 「關於破獲伊盟巴盟兩個非法組織的情況通報」, 『開放雜誌』, 60, 1991년 12월, p.60.

50) Bahe, "Turbulent rule over Mongolia, Resistance Efforts Discussed", 1/7~2/7. (http://taklamakan.org/smongo-1/archive/bahe1.html)(박병석, 앞의 책, 507쪽에서 재인용)

51) 巴赫, 「'內人黨'對中共的政治挑戰」, 『新世紀』, 37 (1999년 8월), 1/4-4/4.

52) M. Altanbat, "he Inner Mongolian People's Party is Founded", 1/2. (http://www.taklamakan.org/smongol-1/archive/altanbat8.html)

53) 박병석, 앞의 책, p.509.

54) 중화인민공화국 건국 이후 공산당의 평가에 의하면, 1921년부터 길림성에서 배출된 3만 6천 명의 '열사烈士' 가운데 연변 지역의 '열사'가 14,756명이며 그중 조선족이 13,843명으로 93.8%를 차지했다.

중국의 소수민족

초판발행 2008년 7월 20일 │ 2쇄발행 2008년 11월 20일
지은이 정재남
펴낸이 심만수 │ 펴낸곳 (주)살림출판사
출판등록 1989년 11월 1일 제9-210호

주소 413-756 경기도 파주시 교하읍 문발리 파주출판도시 522-2
전화번호 영업·(031)955-1350   기획편집·(031)955-1357
팩스 (031)955-1355
이메일 book@sallimbooks.com
홈페이지 http://www.sallimbooks.com

ISBN 978-89-522-0955-9 04080
        89-522-0096-9 04080 (세트)

책임편집·교정 정회엽

값 9,800원